eye.
守望者

——

到灯塔去

[德] 彼德·斯洛特戴克 著
常晅 译

蔑视大众
现代社会文化斗争的实验

Peter Sloterdijk

Die
Verachtung
der Massen

Versuch über Kulturkämpfe in der modernen Gesellschaft

南京大学出版社

大众,一个既充满谜团而又具有普遍性的现象,它突然就出现在了那里,以前却是什么也没有。可能有几个人走到了一起,五个人、十个人或十二个人,不再多了。没有宣布什么,也没有期待什么。突然间,一切都变成了黑压压的人。

——埃利亚斯·卡内蒂,《群众与权力》

目　录

Ⅰ　人群之黑 / 001

Ⅱ　关于蔑视这个概念 / 035

Ⅲ　双重伤痕 / 083

Ⅳ　人类学差异 / 095

Ⅴ　大众同一性:无差异性 / 123

后记 / 141

I

人群之黑

20世纪的很多作者,其中不乏一流作者,都将大众(Masse)进入历史算作我们这个时代的重要标签之一。这一现象的发生是基于良好的洞见之上的。近几个世纪以来有启发性的哲学思想为其提供了支撑。黑格尔提出了作为主体的实体(Substanz als Subjekt)的发展,将其作为其逻辑学研究,事实证明那是那个时代最有力的准则,在我们的时代依然如此,如今则是"作为主体的大众的发展"。该准则为可能算是现代性计划的东西赋予了堂皇的政治内容。对我们来说已经成为过去的民族主义时代，以及我们作为公民别无选择地生活于其中的社会民主时代，其指导思想都来源于此。两个时代中，主导的动机就是，一切权力以及一切能够产生效力的表达方式都必须源于大多数人。

大众一旦成为主体，并拥有了意志和历史，理想主义的傲慢时代就完全终结了，形式（Form）自以为可以任意地塑造内容（Inhalt）。并且，一旦大众被认为有能力具有主体性和主权性，那么形而上的主人的优先权、意志、知识和灵魂就会进入原本看起来完全不过是单纯物质的东西中去，并使被征服和被误判的部分获得另一方的尊严。近代以来的宏大主题——解放——围绕着一切在旧逻辑和旧的统治秩序中被称作下等（das Untere）和他者（das Andere）的东西，这其中既有自然的物质，也有人群。那些曾经是可支配的物质的东西，将成为自由的形式（freie Form）；而曾经完全献身于工作和服务的东西，将作为自我的目的来把握。现代化的、积极主动的且是主体化的人群却还被人们——无论是它的支持者,还是蔑视它的人——固执地称为大众,并且只要这种状况一天得不到改变,就意味着,绝大多数人崛起成为某种主权(Souveränität)的进程就是一个未完成的,也许是一个永远也无法完成的过程。作为主体的实体的发展在黑格尔的著作中说起来容易,但在街头或是在近代大都市的近郊则显得困难重重。

在论及现代性的伟大作者当中,如果我没有看错的话,有且只有一人完全没有采取进步哲学的人为拔高,也没有用青年黑格尔式的进步迷信来看待大众的兴起,以及在历史中逐渐占据一席之地——在这里,我说的是埃利亚斯·卡内蒂(Elias Canetti)。鉴于格奥尔格·施泰因纳(George Steiner)自称为柏拉图式的无政府主义者,我们或许可以把卡内蒂称为人类学思想中的无政府主义者。正因为有了他,才有了20世纪最艰深的、思想最为丰富的关于社会和人的概况的著作《群众与权力》(*Masse und Macht*)[1]。然而该著作自从1960年出版以来就一直广受大多数社会学家和社会哲学家的质疑、诟病,以及回避。因为作者在这本著作中拒绝像其他社会学家就其本职工作而言所做的那样,用批判的形式来向他们的研究对象或当事人,也即当下的社会献媚之事。卡内蒂的强项在于他一以贯之的不讨好献媚,这来源于他在数十年间总是能够一次次重新唤起关于社会不过是被暴力行径激发的大众的核心体验。1927年,年仅22岁的卡内蒂身陷维也纳一场工人起义之中,并亲身经历了当时火烧最高法院时,人群被点燃的情绪以及肆意释放的能量。从那个时候起,大众这个问题对于卡内蒂来说就至关重要,并且也在他著作的标题中得以体现。他亲身体验了人们向群体涌动的动力中注入的直觉,这对他来说难以忘记。在他的自白《我也

---

[1] 此书译名采用了已有译法,"Masse"即大众。——编者注

I 人群之黑

成了大众中的一员》中,他表达了自己清醒的意志,这段经历虽令人羞耻,但同样发人深省,他有义务清算这段过往。我们有理由相信,这本书之所以叫《群众与权力》,是因为作者不想直接依照个人的经验去命名它。否则的话,这本书可能会命名为"群众和聚集""群众和爆炸",又或是"群众和裹挟"。这本书比他的其他任何写作都更清楚地点明了20世纪大众心理学的基本问题:被恶和假所裹挟。没有这样的论断就无法说明在大众身上始终存在着什么样的风险。马克思虽然曾经教导我们,一切的批判始于对宗教的批判——但从卡内蒂那里,我们学会了,批判宗教时,若不去区分裹挟,或将好的和坏的奉献分门别类,则批判无半点进步意义。

卡内蒂关于大众精神的现象学一开始看起来沿袭了青年黑格尔派的路子,研究作为主体的大众的发展;它认为大众的产生意味着在政治舞台上形成了一个强有力的,同时又令人不安的行动主体。最大的未来份额属于被赋予权利的大众在舞台上的表演,鉴于人们对此深信不疑,便无可避免地要把它作为研究对象。从一开始,卡内蒂的观察中就混入了关于大众成为主体的不可克服的迟钝的以及不透明的特性的洞见。

> 可能有几个人走到了一起,五个人、十个人或十二个人,不再多了。没有宣布什么,也没有期待什么。突然间,一切都变成了黑压压的人。

卡内蒂看起来很清楚地知道,他说出这样的话就等于越过了社会学研究惯常的且受人欢迎的边界,因为每个由公众着手建起的社会理论,就算它自诩为批判的理论,并自诩谈及一切可以谈及的东西,也会避免以群体形式自动聚集的社会丑闻以及黑压压的人群的丑闻。牢牢抓住了这些令人不快的证据之后,卡内蒂将他的描写艺术发挥

I 人群之黑

到了极致。在那些黑压压的都是人的地方,大众的本质,即一个纯粹的旋涡就显露出来了。旋涡的轨迹就是向下,向着中间。

> 很多人并不知道发生了什么事情,他们也完全不知道问题的答案,但是他们表现得行色匆匆,来到了那个大多数人在的地方[……]一个人的运动,人们认为会传递给其他人,但又不单是如此:他们有一个目标。就在那里,在他们找到合适的言辞之前:目标就是最黑的地方,那个最大多数人聚在一起的地方。

突然之间黑压压的都是人:对于所有那些尤为重视女性解放运动,把大众提升到主体地位的人来说,这个表达无异于令人尴尬且绕梁不绝的辱骂。在这一表达中,有着清楚的自我欲望认知的民主主体的理性浪漫想象也完全坍缩了。关于自身透明的群体的梦想荡然无存,关于世界精神与群体相拥的社会哲学幻影也粉碎在了无法消解的黑箱中:黑压压的人群。卡内蒂的直觉邪恶而又无比清楚地强调了大众主体(Massensubjekt)一经形成,不透明的动机就占据了主导地位的事实。因为在大众当中,表现为被激发状态的个体集中起来以后,并没有形成神话话语中的所谓"观众"(Publikum)——实际上,他们更多地集结成块,形成一块块由人构成的污渍(Menschkleckse)。他们涌向那些他们聚集得最黑压压的地方。自动聚集(Auflauf)的理论表明了,在群体的自我构建中,作为材料的人从一开始就是过剩的,并且发展作为主体的大众的崇高理想,理所当然地被这种过剩破坏殆尽。因此,大众这个表达在卡内蒂的阐释中就成了一个术语,它在实施成为主体(Subjektwerdung)这一行为的一瞬间就已经自我屏蔽了这一实施过程,这也就是为什么大众——这里指自动聚集起来的人群——总是无一例外地是一种伪解放以及半主体化的状态。大众是模糊的、不稳定的、不加区分的,由争相模仿和疫情般传播的激动情绪所控制,是阴性-感官的(weiblich-faunisches)[1]、前爆炸性的,它的实际诊断与过往的大众心理学大师,如加布里埃尔·塔尔德(Gabriel Tarde)、古斯塔夫·勒庞(Gustave Le Bon)以及西格蒙德·弗洛伊德刻画出的肖像高度相似。

同时,卡内蒂也没有忘记强调大众形成中的退化特性:他指出,在资产阶级的生活状态中存在着一个不留情面的自我距离(Ich-Abstände)体系,它硬生生地将人与他人孤立开来,从而让每个个体进入一种孤独的"必须独自一人"的紧张状态中去。"没有人能够到达他人的近旁或高度。"[2] 然而在人群自动聚集起来时,距离就消失了。黑压压的人群最密集的地方就形成了一个旋涡,它能

---

1 这个形容来源于塔尔德(Tarde)的说法。
2 *Masse und Macht*, S. 16.

够产生一种非常奇妙的破除障碍的效果。卡内蒂还证明了,自动聚集的人群存在的原因就在于人释放(Entladung)的意志:

> 只有大家在一起的时候,人们才能从距离的束缚中解放出来。这也正是在大众当中发生的现象。在"释放"中,隔阂消失了,所有人觉得是"一样的"。在密集状态中,因为人与人之间没有了空间,人与他人之间彼此邻近,从而不分彼此。可怕的正是这种"释然"。为了这幸福的瞬间,彼时没有人比他人拥有更多、更优越,此时,人群就成了大众。[1]

回顾平等主义的这一令人尴尬的异端衍生物看起来有益、必要,且十分具有当下时效性。它的有益性在于,它摆脱了主流交际社会理论和献媚的

---

[1] *Masse und Macht*, S. 17.

I 人群之黑

社会学研究关于个性的共识,而必要性则是因为这一理论当中包含的平等动机(Gleichheitsmotiv)并非源于所有人的平权,而是来源于绝大多数人同时的自我放纵——这种情况就与法律意义上的正义环境(juste milieu)思想指导的套路形成了尖锐的对立。而后者在当下比以往任何时候都要强地渗透到了伦理哲学的学术话语体系之中,并且越来越多地塑造了个体与其在媒体中的投射之间的关系。

突然之间,一切都黑压压的全是人。我尊敬的女士们、先生们,我不否认,在这句话当中夹杂着一种语气,如果这语气不算过时,也不属于当下这个时代。卡内蒂使用的这个表述的外面包裹着一层铜绿,因为它关联了社会现代化的阶段,在那个时期,新兴的作为主体的大众能够聚集在一起,并作为在场的群体显现出来——有着一种独特的声音、一种独特的激发方式和一种独特的行为。至于当时他们被称为人民、暴民、无产阶级还是社会公众，则是无关紧要之事。一切都黑压压的全是人——这个语言上的修辞手法属于那个自动群集的大众时代，或者换言之，是集会的大众以及在场的大众（Präsenzmassen），他们的特征在于，数量巨大的人——有可能是几千、几万、数十万，极端情况下可能是上百万人——体验一种作为拥有集会能力的存在，他们涌向一个能够承载他们所有人的地方，在那巨大的集会场所，大众能够获得一次巨大的自我体验，他们是有意志的、索取的、开始发言的、散发出暴力的集体。现代化的进程中，拥有集会能力的人群是为了自己，并且走到前台的现象是现代心理政治空间中的核心场景之一，而卡内蒂的功劳在于，将这个发展阶段以理论的形式固定下来。

如果我们在卡内蒂的分析中感到某个方面无法与当下的情况完全契合的话，其原因只有可能在于，从《群众与权力》中的方案构想到社会的当下已经过去了整整半个世纪，而这半个世纪当中，

I 人群之黑

现代社会也经历了剧烈的变迁,从而从根本上调整了它作为有组织的多元体的集合状态。当下的大众绝大多数情况下已经不再是过去那种集会或自动聚集的大众;他们已经走入了政权(Regime)当中,这样一来,大众的特性就不再表现为肉体的在场集会,而是以参与大众传媒节目的方式表现出来。因此,大多数人就不再"聚集",亦不再"向洪水一样涌向某处"。[1] 他们以一种"结晶"(Kristallisation)的方式远离了过去那种聚成一团、形成威胁但又充满希望和可能的状态。自动聚集的大众发展成了大众传媒节目的大众——就其本身的定义来看,新型大众把自己从囿于某个具体场所的肉身在场的集会中解放了出来。其中,人们作为个体成为大众。在不用看到其他人的情况下,每个人就成了大众。其结果就是,当今社会,

---

[1] Hans Freyer, *Theorie des gegenwärtigen Zeitalters*(《当今时代理论》), Stuttgart, 1955, S. 224.

如同我们所声称的那样：后现代社会不再原始地以其自身的身体经验为导向，而是通过大众媒体的象征，通过话语、流行趋势、纲领和名流来进行自我的观察。在这些元素当中，我们这个时代的大众个体主义[1]有着其系统性的根据。它反映了当代的人们比以往任何一个时代都更具有大众的特质，尽管今天的人们已经不再像过去那样聚集在一起。在这里还得提一下社会心理学家大卫·李斯曼（David Riesman）的"孤单的人群"（the lonely crowd）——那些总是脱离集体的肉身，但又包裹在媒体的力量场之中的个体，他们处在无法看穿的众人之中。他们在自身的"有组织的孤寂"（organisierte Verlassenheit）中——汉娜·阿伦特这样来概括集权主义状态下社会心理的初始状况——构造了一切过去的和将来的集权主义与媒

---

[1] 这一表述早在 1924 年就出现于：Werner Sombart, *Der Proletarische Sozialismus*（《无产阶级社会主义》），Bd. 2, S. 103 vor。

I 人群之黑

体统治的原材料。

因此,没有聚集起来,或是无法再聚集起来的后现代意义的大众就缺失了自我肉身感受和自我空间感受。他们不再看到自己投入人群的洪流中去并和他人一起互动,他们也感受不到脉搏跳动的肉身,他们也再不会共同发出大声的呼号。他们越来越难以有可能从日常而慵懒的重复性生活中一下子过渡到革命性的激化状态。后现代大众的状态就如同某种气态的物质一样,其基本颗粒在自己的空间中振荡。他们中的每个人都带着各自的愿望力量的电荷和前政治的否定观点,每个人在节目观众面前坚持等待,总是重新投身寂寞的自我上升或自我消遣的尝试中去。新的大众在这种"被肢解的"或者说消除累积的状态中不断消磨新的时光,而随着岁月的流逝,他们身上那种聚集了成千上万,甚至上百万人以后形成的冲动的、传染性的、聚集的以及令人生畏地席卷一切的那一面逐渐消失殆尽。然而,如果观察正确的话,在这数百万人身上最终出现的更多是共同的而非个性化的特征,尽管他们从未有过急性大众的那种突然聚集的体验,甚至每个人都还有着非常强的自我独立的感觉,并始终自觉保持着与他人的距离。如果大众不再涌向某个地方,不再聚集起来形成人山人海,那么他们的政治潜力就会随着时间慢慢淡去。他们也不像自动聚集和游行的高光时代的大众那样清楚地感受到自身的力量和涌向某处的冲动,也不再能意识到自身宣告和诉求的力量。后现代大众是没有潜力的大众,是微观的无政府主义者和寂寞的个体的集合。他们早已经忘记了过去那个时代,那个他们能够一呼百应,并作为具有强大表达力量的集体,有着创造历史的意愿和担当的群体的时代。

所有卡内蒂了解的关于黑压压的人群的理论——这些关于自动聚集、情绪释放、煽动、裹挟、增长和偏执的洞见——在当下都转换成了对个体参与大众传媒节目的研究。完全媒体化(durch-

I 人群之黑

mediatisiert)的社会呈现出一种状态,为数众多的人群不再作为集中起来的全体,不再作为因为阴谋诡计而涌向一处突然爆发的集体,黑压压地、密集地、剧烈地呈现在人们面前。相反,当下的大众只是以其每个颗粒、每个个体、不透明的群体中的一个原子投身到那些以大众特性和群体性为基础的节目中去。当下多数社会学家受到这种现象的蒙蔽,因而认为,大众统治构成现代政治和文化的核心问题的时代已经一去不复返了。然而,这种观点是大错特错的。当然,媒体的大众在大众媒体的影响之下已经成为多彩的、分子化的大众。这样一来,我们当今的文化批判——无论它们是概括式的还是细致分析式的——其对象都是电视的大众(Fernsehmassen)和大众电视(Massenfernsehen)之间的互动,这都是十分有意义的。不过这种批判当中还缺少了一些东西,我们将在下面的论述中进一步指明。

然而在人多会撞到身体的地方或时候,如在

高峰时段或交通堵塞时,作为非出于自愿而聚集在一起的一大群人,他们每个人身上都会淋漓尽致地展示出那种匆忙从自己的身体旁边走过,仿佛绕过一个障碍物的样子,仿佛自身就是一个强加于人的东西,咒骂着在错误的地方有着物质的过度堆砌。在这里,人群被众多人的苦难的确证击溃。只有在极少数的瞬间,比如流行的节日庆典上,幸福的人群融化为一个整体性的狂喜集体时,政治的集会以及觉醒成为自我的清醒人群的聚集的亮光中,瞬间闪过后现代的漠不关心的状态——特别是在振奋人心的流行音乐响起时,它更能提升所有参加集会的人的激动情绪,让他们瞬间释放。

如果我们要用一个概念来概括卡内蒂时代和当下的差别的话,那么我们可以说:今天的大众已经超越了集会能力的阶段,因此"节目原则"(Programm-Prinzip)必然代替领袖原则。这样一来,我们就有必要解释清楚一位领袖和一个节目之间的

I 人群之黑

区别,好把聚集在一起的黑压压的经典现代大众和处于各自不同地方的多彩的后现代媒体化的大众之间的区别清楚地呈现出来。这主要涉及释放和消遣(Unterhaltung)的区别。同时,这也构成了交际密集型大社会中仿法西斯式的和大众民主式的冲动管理(Affekt-Regie)之间区别的重要原因。

历史学家和系统论者都一致认为,领袖原则是法西斯社会统治的根本性特征。法西斯主义是发展大众作为主体的实施过程中一个相对有着较高概率出现,尽管并非完全不可避免的阶段——这出于一个非常复杂但又绝对可靠的原因,即充分调动起来的、寻求释放的大众可以想象他们自身不完整的主体性在领袖人物的身上得到完善。从这个角度上看,通过被人为拔高的他人而实现的成为主体,成了真正抓住自我的一个中间切口(Zwischenschnitt)。因此,绝大多数法西斯政权以及极左民粹主义政权都会醉心于民族主义的全民集会方式是不足为奇的。它们采用了一切方式,将数量庞大的人员动员起来,形成现实中聚集在一起的人群,并以他们的欢呼喝彩来为其政治秩序的合法性背书。德国社会主义工人党(NSDAP)的全党大会就将这种形态的结果发挥到了极致。如果说作为人民大会的国民议会的想法在现实中接近实际运作,那就是在这个自我标榜与人民一起的政党的游行中,来自右派的准社会主义向自己和媒体公众表达了观念。在这里,邪恶的有无产阶级精神的幽灵一下子成为有形化的现实。在纽伦堡的大会场上,这种有形化的现实让参加集会的众人宣泄了民族化的大社会的底层虚构:就好像全体民众能够并且也急需作为当前集合起来的整体(Totalität)的一部分,定期重复自我体验。在这个僵硬而沉闷的游行之中,形成的"摩尔"量级的大众沉浸在狂迷的想象之中,他们的自我的顶峰仿佛正以领袖的形象出现在他们面前。在"具有催眠作用的

I 人群之黑

弥撒仪式"[1]上,大众与领袖人物的合并(Fusion)给项目盖上成功的印鉴,将作为主体的大众引导至自身。尽管大众在这样的组织形式下的主体焦点(Subjektfokus)处于身体之外,然而最好的自身的外在化显现可以以令人满意的类比解释为天主教的圣者崇拜或资产阶级知识界的天纵英才。实际上,当代的思想家也早就在法西斯主义当中看到了资产阶级艺术信仰和英雄信仰的套路——比如罗伯特·米契尔斯(Robert Michels)于1924年一篇绝佳的文章中就记录下了意大利法西斯主义的兴起:

> 法西斯主义是纯粹卡莱尔式的。漫长而芜杂的现代政党历史很少能像法西斯主义那样给我们一个如此经典的例子来说明大众内

---

[1] 这一表述来源于 Serge Moscovici, *Das Zeitalter der Massen. Eine historische Abhandlung über die Massenpsychologie*(《大众时代——关于大众心理学的历史论文》), Frankfurt, 1986, S. 182。

在对于英雄崇拜的渴求。这个政党给予了他们的领袖——那位老大——纯粹到几近于盲目的信任和火热的崇拜。[1]

米契尔斯在文章中提到了托马斯·卡莱尔(Thomas Carlyle)的英雄主义以及英雄崇拜的意识形态理论,这就很清晰地勾勒出现代社会中大众主体性的基本特征。因为这里用所谓的英雄崇拜(hero worship),不过是承认了在黑压压的人群当中,仍然不停出现关于高亮之处存在的幻想。实际上,大众不过是发展出了自己的一套理想主义,并不受实际感知的干扰,一以贯之地推进他们造神运动的意志。

纯粹的卡莱尔主义:这个字眼可以说完完

---

[1] Robert Michels, *Masse*, *Führer*, *Intellektuelle*. *Politisch-soziologische Aufsätze 1906 -1933* [《大众,领袖,知识分子:政治社会学文集(1906—1933)》], Frankfurt, New York, 1987, S. 293.

I 人群之黑

全地命中了媒体化的大众文化。以一种英雄崇拜的媒体模式,我们进入了高度发达的大众自恋的情绪统治之中。以卡莱尔式的、基于大众的、符合媒体特点的方式去崇拜社会名流——这意味着将感知屈从于投射,并丝毫不顾及崇拜对象的本来属性,完全放任自身主观上对理想化、神圣化的过度追求。米契尔斯把欣赏和崇拜归于一种"大众的内存需求",这表达了一种明确的洞见:大众会在并且也只有在涌到一起、寻求释放的半主体性(Halbsubjektivität)在扎堆状态下,坚持从神圣化的外部去反观自我,试图从中找到自身的投射。这种自我认同的机制与大众文化中驾轻就熟的观众退化相关联,从而产生出大量被足够麻痹的追随者。这种艳羡的模式中,追求幸福的自我欺骗经由有共识能力的原始偶像的弯道,成为一种政治力量。这种崇拜方式下,大众并不是在垂直体系中寻找被膜拜的对象,而是在相同的层级中面对面(vis-á-vis)地寻找。所以如果不能洞见这种麻醉性的政治同盟，20世纪的思想战役和媒体战争不过是非理性的波动，良好市民在研究后，往往会给其打上"无法理解"的标签。

20世纪最大型的取材于水平方向上的理想化个人崇拜案例莫过于希特勒，借助公共偶像媒体中的领袖形象的包装，人们对一个"最中不溜的平庸之辈"（lüsternste Mittelmäßigkeit）产生了无以复加的个人崇拜。个人崇拜也是把大众作为主体来发展计划中一个阶段。因此，公民和大众时代崇拜的英雄，经典以及流行的独裁者，都可以被看作这样一个事实的见证：在民族国家新兴的永久通信（Dauerkommunikation）出现后，个人也可以像大众媒体那样发挥作用，这就是为什么天才崇拜和领袖崇拜有时能够毫不费力地相互融合。[1] 然而，德国人在集体自我催眠方面的特殊

---

[1] 而且是在两个方向上：不仅希特勒可以作为艺术家被赞美，而且流行偶像麦当娜也认为她有机会（尽管只是在媒体上）扮演伊娃·裴隆的角色。

I 人群之黑

天赋是理想主义和野蛮主义之间的蜜月期诞生的必要条件,这个蜜月期在1933年的"民族革命"的狂热开始阶段创造了一种特殊的大众狂热气氛(Massenwahnklima)。1939年9月,托马斯·曼已经决定移民美国时,说出了少数人的洞见,他给德国人下了这样的诊断:德国人已经成为"一个崇拜无知和粗俗的民族"[1]。然而,这种崇拜只是渴望得到承认的一种挑衅形式。想在足够的历史距离上理解元首效应,就必须停止试图寻找独裁者身上的个人魔性(Dämonie)。希特勒之所以适合在这场德意志心理闹剧中扮演这个角色,并不是基于他的非凡能力或个人魅力,而是因为他令人难以理解的显而易见的粗鄙,以及他因此而产生的向大众嘶吼并倾诉内心声音的倾向。希特勒似乎把人们带回了大声嘶吼仍然有用的时代。从这个角度看,他是20世纪最成功的行为艺术家。

---

[1] *Neue Rundschau*(《新汇报》), 1999, 4. Heft, S. 177.

20世纪上半叶释放型公众(Entladungsmasse)的领袖崇拜和下半叶娱乐型公众(Unterhaltungsmasse)的明星崇拜之间的功能连续性基于这种横向的共振。彼时的领袖人物和今天的明星成功的秘密在于,他们其实与他们最无趣的崇拜者相似到令人难以置信的程度。如果说连知名的德国知识分子都参与了"进入原始状态的死亡一跃(Salto mortale)"[1],那么这绝不是否认刚才所说的联系,而是使"暴民和精英之间的联盟"[2]成为可能的接触面变得明显。在汉娜·阿伦特看来,此时无数个人的无组织的无能为力转变成大多数人的有组织的自我放弃,于是乎他们允许自己被极权主义运动或是完全的娱乐活动所控制。

就阿道夫·希特勒的个人素质而言,一切都

---

[1] Rüdiger Safranski, *Ein Meister aus Deutschland. Heidegger und seine Zeit*(《一位来自德国的大师:海德格尔和他的时代》), München 1994, S. 272.

[2] Hannah Arendt, *Elemente und Ursprünge totaler Herrschaft*(《极权统治的元素和起源》), München, 1986, S. 702 - 725.

I 人群之黑

非常清楚。他在扮演领袖的过程中，绝不是他所领导的大众的主要对手，而是他们的代议者和他们的浓缩物。在任何时候，他都肩负着平庸粗鄙的使命，并不是因为有什么过人之处，反而是因为他身上有明确无误的粗鄙和直言不讳的庸俗。如果一定要说他有什么特别之处，那么也仅仅在于他似乎在一切事物中都原创了自己的庸俗，就好像他是第一个认识到卑鄙是一个可以追求到极致的目标。从这个意义上看，希特勒对自己是命运的化身的自我意识，使其足以胜任他在媒体史上的角色。在他身上，庸俗的自恋具有了登上舞台的能力。对于无数大众来说，以貌似伟大实际却一事无成的形象在公众面前抛头露面的梦想，在他身上成为现实，并通过他成为现实。因为他能够把最不同群体的梦想中的恶习集中到自己身上来，所以他在许多方面起到了吸引者的作用。只有作为一个多元的粗鄙媒介，他才能形成众多追随者的共有特点。作为兄弟的希特勒向所有希望实现利于自己的命运的人伸出了手。不管是谁，只要准备抹去感觉，以便更好地幻想救世主，甚至幻想格鲁吉亚人所宣称的"文化救星"(Kulturheiland)，就可以向这只幼虫期待更多想得到的东西。然而，即使群众在没有外界助力的情况下，无法认识到他们面对的其实是一个变态的傀儡，一个套着装甲的、迷恋排泄物的、无能的"妈宝"，还有着严重的自杀倾向，他歇斯底里的小市民、自大狂和戏精式的性格特征也从一开始就公开地显现了出来。这就是为什么即使在今天，图像资料对他的记录比起千页的传记更有说服力。人们总是看到他为大众的幻觉搔首弄姿；在姿势落下的地方，只剩下毫无特色的愤怒的媒介空洞。希特勒是个幻觉收集者和政治催眠师，他在任何方面都不是一个有高度天赋的人，在任何方面都不是一个有创造力的人。他之所以能够成功，完全是因为他善于成为人民的接受者(Volksempfänger)。任何人，但凡有足够耐心多看他一眼，也不会错以

I 人群之黑

为他是个天才;即使孀居的威妮弗雷德·瓦格纳(Winifred Wagner),在那些艰难的岁月和他眉来眼去。与感官为敌的阴谋论非常清楚地知道它不希望看到什么。这个人来自奥地利乡间,是世界上最贫穷的小资产阶级的瘴气化身,是分裂和报复的长期痉挛,或者像温斯顿·丘吉尔——正确却又带着亲兄弟一样了如指掌的仇恨——所说的那样:他是个"嫉妒和耻辱生成的怪胎"。对认可的渴望变成了邪恶。然而,因为心理上饥不择食的公众和精英中不稳定的那部分人在这个公众人物身上明确无误地发现了他们自己;因为没有必要为了穷尽他而仰视他;因为公众只要把自己隆隆作响的粗鄙和臃肿的无能与他放到同一个平面上,就足以相信他是高尚的,并且自己也被同时提升到他那般的荣耀;因为他不是一个领主,而是一个从宽广的底层来的人;因为他是一个横向的代表,一个行动派,一个表演仇恨的人,来自你我之中的、善解人意的咆哮者,他把自己设定为大众挫折(Massenfrustrationen)的容器[1];只是因为他并不那么与众不同,并不比别人更有优势,没有真正的天赋,没有出众的外表;而且最重要的是,正是因为他完全不优雅,他的直接和狂妄,以及他吵闹的生物本性和大声聒噪以及残忍和贪婪才会得到无数人的认可。汉斯·普菲茨纳(Hans Pfitzner)仿佛不经意地说出元首是一个"被释放的普罗雷特斯(Proleteus)",从而最终理解了希特勒现象——在这个词中,大众与他们的英雄的关系被赋予了正确的、明确的和足够滑稽的称号。实际上,希特勒彻头彻尾是一个大众传媒的水平投射模式下创造的产物——而正是由于他作为一个卡莱尔幻影的身份,他仍然可以作为一种功能的承

---

[1] 政治家作为"情感容器"的理论可以追溯到劳埃德·德莫斯(Lloyd deMause)。另请参阅 Thomas Macho, "Container der Aufmerksamkeit. Reflexionen über Aufrichtigkeit in der Politik"(《注意力:关于政治正直性的反思》), in: *Opfer der Macht. Müssen Politiker ehrlich sein?*(《权力的牺牲品:政治家必须要诚实吗?》), Frankfurt am Main und Leipzig 1993, S. 194 - 207。

I 人群之黑

担者被识别出来,这种功能即使在从政治释放转向非政治娱乐之后,仍然标志着自由主义大众民主国家的情感预算的特征。大众文化的急性阶段从卡莱尔计划开始:它导引了纵向张力向横向反映的再运作。在这个标志中,去等级化(Enthierarchisierung)开始了,其进退两难的矛盾性在现代性的实验中日益展开。

当兴奋的群众追随他们的英雄奔跑时,他们就像卡内蒂所说的身陷巨大旋涡中的人一样:"……他们有一个目标。在他们还没有找到合适的话语之前,它就在那里:目标是最黑暗的……"即使是个体,也可以简明扼要地描绘大众的存在特征,即他自己也可以成为大众的核心。在这样一个个体身上,无论他是一个领袖,还是一个媒体明星,一切确实都是人的黑色。

Ⅱ

关于蔑视这个概念

在将大众发展为主体的现代性计划中,就我们所能理解的范围来看,聚集了大量心理政治方面的爆炸物。无论是来自上层还是下层的任何一点火星都可能使其发生爆炸。

如同一切发展计划那样,这个计划必然会冒犯它的受众,只要它让他们明白了他们还不是他们应该成为的那个人。布鲁诺·鲍尔(Bruno Bauer)就不无讽刺地说过:"为了至少能有伟大的东西,群众再次被抬到了盾牌上。他们想把它举到自己面前,好像这样它就会被奇迹般地举起来……要多高就有多高！"[1]很明显，如果不羞辱那些我们要发展的人，就不能实现发展，除非那些想发展的人把自己降低到不发展的人的状态。如果想避免这种在进步、提升和提高思考中棘手的隐含意义，就必须立即免除强加给群体的发展的要求，并向他们保证，他们现在的样子，实际上已经完全达到了他们的目标。关于人是目的的现代论述，则一直在发展还是溺爱的选择之间来回游移。因此，现代性是进化论者和诱惑者之间无休止的冲突舞台，进化论者坚持努力的前景，而诱惑者则教导努力的终结。无论谁介入关于当前社会制度及其人口的讨论，精英和大众，平等的人和所谓"更平等"的人，很多的人和更多的人，都已经有意无意地在决定是发展并侮辱公众，还是奉承并引诱公众。人们在现代所看到的文化冲突和意识形态上的争

---

[1] Bruno Bauer, "Die Gattung und die Masse"(《种属和大众》)，1844，in: *Feldzüge der reinen Kritik*(《纯粹批判运动》). Einleitung von Hans Martin Sass, Frankfurt 1968, S. 213.

II 关于蔑视这个概念

端,大多不过是侮辱者和奉承者之间的争吵。他们之间进行的这场争夺特权的斗争,是为了公正对待许多人(即使不是所有人)真实和真正的利益。

当人们不得不在与一个集体有关的纵向交流(侮辱)或横向交流(奉承)之间做出选择时,就会出现那个必须称之为客观认可的问题(objektives Anerkennungsproblem)。在大众概念中,固有的特征使人们本身就倾向于拒绝认可。拒绝认可意味着蔑视——就像拒绝触摸意味着厌恶一样。如果像一些黑格尔阐释者有充分理由认为的那样,现代世界是一个为获得认可而进行普遍斗争的舞台,那么它必然会导致一种蔑视成为流行病的社会形式——首先是因为认可就像注意力一样是一种资源,其价值与其稀缺性相关。其次,这在于迫切要求认可的人,他们的数量越来越庞大,必然会使彼此负担过重。最后,大众本身就构成了一个伪主体(Pseudosubjekt),如果不把蔑视的因素带入其中,就不能与之发生关系,这样一来,我就把奉承视为一种颠倒的蔑视。

这一蔑视戏剧就像整个近现代（Neuzeit）一种亲密的遗传性疾病一样挥之不去，然而人们对它的历史和逻辑知之甚少。学院派有组织的哲学研究已经回避了这个问题，而公共领域却一直不断地被争取认可的斗争以及蔑视和厌恶的潮流所分裂，无法清楚地看到战场。可以肯定的是，随着近现代的到来，投入才有所上升。蔑视不再是为那些黑暗中的人、被边缘化的人和异类保留的情感；它不再只适用于野蛮人或其他带着"宇宙劣等印记"[1]的挑战人类形式的事物。这一观点来自高尚人士的胆量爆发，它也不再局限于那些像达·芬奇一样宣称人类在大多数情况下不过是"化粪池的填充物"的人。相反，近现代的剧本设定在于，非高等贵族的集体主体——首先是中产阶级

---

[1] 比较：Niklas Luhmann, *Die Gesellschaft der Gesellschaft*（《社会的社会》）, Frankfurt 1997, S. 956。

Ⅱ 关于蔑视这个概念

和宫廷贵族,然后是资产阶级和小资产阶级、工人阶级和所谓的少数群体——开始表现出历史上前所未有的自我尊重的热情,并进入政治和文学舞台来满足它的需求。如果只把政党理解为利益集团,那么人们对政党的概念理解得还不够透彻。最晚从 19 世纪开始,政治集体行为者就用这个概念来称呼自己了。真正的政治团体总是同时也是自尊的激情形成的力量场。从现在开始,他们想填满历史书,成功地从受委屈的懒惰状态上升到强烈表达能力的主体性,并作为公共的伟大人物而受到赞赏。我们可以注意到,近现代崛起的群体不仅表现出一种自传式的悲怆;他们还无一例外地发展出一种爱人的,更确切地说,一种自爱式的情感。我们不要忘记,19 世纪和 20 世纪的民族国家只能作为由大众传媒控制的集体自尊和自大的实验而成形——那么,它们之间的所谓外交政策,还包括想象中的竞争,就不可避免地总是被尊重和不尊重的张力所戏剧化。可以说没有人比马克斯·韦伯在 1906 年的一封信中更清楚地证明了这一点,当时他就威廉二世的问题给他的朋友和党内同事弗里德里希·瑙曼(Friedrich Naumann)写信:

> 国外(意大利、美国,各个地方!)对我们这个国家的蔑视程度……是有道理的!归根结底,因为我们忍受了这个人的这个政权,它已经完全成为具有一流世界政治意义的权力因素……[1]

但是,对于所有人来说,通往主体尊严的道路是一条首先看起来向下而非向上的道路。早在新的心理政治学的早期,即 17 世纪,与宗教动机推动的内战同时出现的还有政治作为国家技术的

---

[1] 转引自:Golo Mann, *Wissen und Trauer. Historische Portraits und Skizzen*(《知识与哀悼:历史肖像和草图》),Leipzig, 1995, S.115。

II 关于蔑视这个概念

独立范畴的理念,托马斯·霍布斯就开始了其极具前瞻性的任务,将大众发展为臣民(Untertan)。正是由于他在理论的天赋和实践中的坚忍不拔,我们才能够洞察到,主观性和服从性无论在词源上,还是在现实中都是一致的——这一事实在英语的"subject"和法语的"sujet"中明确无误地表达了出来;然而,在德语中我们满足于在文牍和哲学上都十分可疑的"Subjekt"概念。因此,即将被发展为主体的大众登上了近代的理论舞台,并以国家技术现代化的主权者下的同质化的人群的形式出现。它的第一特点就是对自身利益的合理顺从,或曰对国家的自愿被动。[1] 霍布斯对群众的主体或者说臣民的素质感兴趣,是因为他打算从

---

[1] 这里需要指出的是,16世纪中叶以来的宗教改革之后流行的教义和学校关于塑造人的指导,预示了对臣民的绝对主义建构。在这里,德国政治诞生于宗教训练的精神之中。从这个时候起,当局应该而且必须参与教士政治。大约在1556年,一位路德教派的神学家劝说君主们与他们的官员和教职人员一起充当"警察神学家"(Polizey-Theologen),以免"教派[……]骚乱和蔑视"闯入。因此,"蔑视"最初可以表示一种(接下页)

根本上重建被内战打碎的晚期封建国家机器，其方式是让个人——无论作为某个政治流派的追随者还是公民个人——对自尊的热情——霍布斯可能会说这是忏悔和骄傲的狂热——不再优先于共同财富的利益。为了实现这一目标，霍布斯似乎有必要在政治上阉割所有迫切要求认可的人，这就几乎是专制主义国家中所有的人，特别是高等和乡村贵族，以便给他们所有人都符合国家能力的优秀标准——自愿服从（willige Untertänigkeit），当然，要符合这种标准，首先要在宗教问题上服从——从17世纪的戏剧来看，这意味着放弃教派的神圣怒火。具有服从性是资产阶级的良知，它知道为了满足公共空间，必须放弃自己对主权的主张。理想的臣民是最终明白了只应该有一个君

（接上页）无政府主义和反规范的倾向。本着类似的想法，法学家奥尔登多普（Oldendorp）1530年指出："无信仰会导致对上帝以及邻人的蔑视……" 参见 Hans Maier, *Die ältere deutsche Staats- und Verwaltungslehre*（《旧的德意志国家和行政学说》），München 2. Aufl. 1980, S. 102 und 107。

Ⅱ 关于蔑视这个概念

主,即所有合法权力的真正在任的承载者,而当他承认自己是臣民的时候,出于自身的洞察力,就会将自己的叛逆和"新教"的冲动交给这个人为的主宰。因此,为了自己的利益而服从的公民只能脱离自己来看主权。他在领主(Fürsten)的形象中看到了这一点,他应该高雅地体现出已经变得理性的权力的潜力,从精神分析上说体现了臣民的超我(Über-Ich der Untertanen),并以坚硬的手臂实现了它。霍布斯非常清楚地认识到了这一点,他对政治领域的新构建必须与大多数旧的自由和新的主张的持有者的顽固态度背道而驰。因此,他认为自己不得不将他的国家机器固定在比任何争夺贵族荣誉的举动或资产阶级的拥趸更为深厚的基础之上。寻求臣民的人必须抓住人的根本。对于国家逻辑的理论家来说,从人类学的角度将所有的个体个性还原为一个稳定的、自然的共同动机基础,就可以让所有人都臣服于一个主权。因为只有当人性中存在某种在任何情况下都比渴望得到认可、荣誉和关注的激情更加强大的东西时,才能保证普遍的、同质的服从性。在这一点上,同时代的人们在长达数十年的内战中已经给出了如此显而易见却又灾难性的案例(Proben)。

托马斯·霍布斯作为一个国家理论家,他足够乐观,能够证明人性中的这种动机使人们趋于顺从,但作为一个人类学家,他又足够悲观,认为所有人都共同拥有的先决条件是卑微以及平凡。就像后来的斯宾诺莎一样,他的出发点是假设每个个体都充满了不可剥夺的自我保护的追求。诚然,对他来说,这种追求最终仍然保留了一种防御性倾向。因为即使侵略和扩张的激情、对认可的渴求、嫉妒和对个人利益的渴望属于争取自我保护的最强大动力——我们在《利维坦》第一部分臭名昭著的第十三章("论人类幸福与苦难的自然状况")中仍然看到了这一点——它们还是被所有动机中的一个保守动机超越,那就是恐惧,或者更确切地说,对死亡的恐惧。它比所有积极的食欲

Ⅱ 关于蔑视这个概念

(Appetite)更有力地彰显自己。这是顺从性的普遍基础,是面对显性或隐性的毁灭威胁时对自身的理性关注。霍布斯不忘强调,人与人之间的平等才是他们之间不断爆发战争的根源。因此,自然平等的个体之间需要一个存在于他们之上的法律,它对所有人都有统一的威胁,这将阻止他们对彼此做出他们同意对彼此所做之事:

> 大自然创造的人在身体和精神能力上是如此平等——尽管人们注意到一个人的身体力量有时明显比另一个人强,或者头脑比另一个人更敏捷——但当我们把所有这些特性叠加在一起时,人与人之间的差异决然没有大到让一个人可以凭借自身的能力获得另一个人无法获得的利益。至于体力,最弱的人有足够的力量杀死最强的人,无论是通过秘密的阴谋,还是通过与他人结盟……

从这种能力(ability)的平等中产生了我

们实现目标希望的平等。因此,如果两个人渴望同样的东西,却不能同时享受,他们就会成为敌人。[1]

不受威胁的人得不到救赎——这是专制主义艺术隐性的主要定理,它迫使人们在国家这个协会中和平共处。这就是为什么现代权力的决定性潜在力量在于能够令人信服地进行威胁,也就是向敌人或其臣民展示他们的主人——死亡。现代类型的崇高感的源头在于早期现代以及巴洛克时代的国家使自己变得恐怖的行为。平等意识最有效的来源则是潜在的能够对一切生杀予夺的国家对所有人的平等的威胁。一旦把国家的暴力垄断与崇高的国家自称的作为内部和外部威胁手段的恐怖垄断分开,那么,我们对暴力垄断的理解就不

---

1 Thomas Hobbes, *Leviathan*（《利维坦》）, Ed. by Richard Tuck, Cambridge 1991, S. 86 - 87 (Ubers. vom Autor).

II 关于蔑视这个概念

够充分。如果以伯克和康德为榜样,在 18 世纪末期才达到的状态下对崇高感进行解释,那么崇高感就会被固化在过于浅显的阐释之中,当时初具规模的文化产业开始让民间社会参与恐惧浪漫主义的自我压力游戏(Selbststressierungs-Spiele)。在这些作品中,威胁性的崇高感早已成为一种单纯的审美元素;它为其消费者提供了在庞然巨物的恐怖之中受欢迎的毁灭排演。在与死亡保持安全距离的情况下,观众通过调试他们在面对美丽的死亡戏剧时的震惊感,来确认他们之间的相互联系。相反,严肃的威胁是权力的基本话语行为,它给它的臣民和邻人下达了最后通牒,到了某个时刻,他们必须变得合乎理性。这就是那些认为自己可以在现实生活中或心理游戏中决定是否采取严肃行动的人的说话方式。从霍布斯到罗伯斯庇尔,再到卡尔·施密特,现代政治和警察哲学中有着强烈的秩序和共识导向的理论派别,在处理对手和异见者时表现出与专制排他性风格有高度相似性的风格,这一切并非巧合。由此可见,他们已经认识到自己实际有效的存在理由(Daseinsgrund)是威胁能力,并且这种能力则会经由迈出执行的一步的能力得到充分完善。

霍布斯把人类的行为还原为恐惧这个最终推动力的基本操作,释放出划时代的后果。它标志着一个时代的开始,这个时代使"人"系统性地受到怀疑,并从下往上地去思考人。因为它关注的是把人性看成理论上可计算的,以及实践上可教育、可控制的东西,所以理性"警察"的新世界就认为必须要从最低层次的驱动力层面来构建政治共同体。我们不是无缘无故地处于机械工程师的时代,无论是政治还是民事意义上的;我们也处于解剖学家的时代,无论是生理还是道德意义上的。为了了解人类这台动力机器是如何工作的,必须洞察其动力装置(Triebfederwerk),但在这种观察中,动力装置、运动、激情、食欲,永远只能是最基本的类型。如果说它是卑鄙的,那它也是有方法

Ⅱ 关于蔑视这个概念

的——整个时代,在关涉人的事情上的解释、理解和贬低将成为同一件事情。根据这一点,就形成了一定的先决条件。在此条件下,"理解一切就能原谅一切"(tout comprendre c'est tout pardonner)这句话就将无条件地成为真理?其实也不尽然,因为必须补充的是,理解一切说穿了就是蔑视一切。[1] 去垂直化(Entvertikalisierung)的时代开始的标志在于,人们总是寻找下面的人。一种有条不紊地控制着对所有人的蔑视的趋势悄然渗入了现代人政治学说的前提。从对同一形态的臣民主体的兴趣中,直接产生了对一般性卑劣的可靠基础的兴趣。如果卑鄙是基础,那么温文尔雅必须作为上层建筑出现。在开明的时代,谁会不同意纯粹的上层建筑现象应当重新移动到其真正的基础之上?鉴于这些关系,我们还可以说,后基督教

---

[1] 竞争性的理想主义格言:理解一切就是神圣化一切(即把它放到上帝那里去),这是从现代泛智论和泛神论的假设中产生的,但它无法战胜理性化的下降趋势。

下的平等主义究其本身从未意味着一种价值,而是充满活力的现代化国家的一种手段,它能够在确切地假设人具有共同的且(有理由相信是)低劣的人性基础上形成对国家的组织。

有人会抱怨,霍布斯是一个古怪的家伙,他从未能达到真正的权威。人们也不得不认为,他鼓吹虚构的强大国家,在现实生活中完全没有对应物,是"精灵式"的纸上专制主义[1],容易过度紧张。我们亦不必把《利维坦》的作者当作现代民主的先驱来予以尊重。人们也许可以说,霍布斯仍然囿于他的恐惧症气质之中,他也始终未能超越自己所处的时代留下的创伤性固定思维。尽管如此,现代政治人类学毫无疑问始于霍布斯。与其他任何人相比,他为奠定人类学的平等主义基础做出了更多贡献——这种对人类心理状态平等的信念拥有了政治现代性的一条重要标准。

---

[1] 根据列奥·施特劳斯(Leo Strauss)的描述。

II 关于蔑视这个概念

霍布斯主义标志着理论上废除贵族制度的开端。法国大革命的恐怖表达了要砍掉一切比资产阶级地位更优越的头颅的强烈意志,而在此一百多年之前,刚刚发端的政治人类学就已经使用来自自然界的心理学论据来证明所有人都生活在相同的情感基础之上,鉴于内在驱动力的巨大相似性,他们之间所有的政治或阶级差异几乎都变得微不足道了。借此,政治人类学理论彻底打倒了贵族思想。

在霍布斯的理论体系中,最能迅速帮助消灭贵族阶级的理论信条是:人最终都是被恐惧所驱动的,无一例外。事实上,如果宣布恐惧为普遍动力,相当于废除了贵族传统的自我辩解及其对死亡恐惧的拒绝,同时也让贵族式的蔑视全人类的人回归基于理性、恐惧和自我保护的动机联盟(Motivallianz)的中间人性。正是在这个中间位置上,现代性作为一项计划和一项事业(Betrieb)被锚定下来。在这里,人类的每一次过激行为和向上的越轨行为都被先验地(a priori)拒绝。保持自己处在中间的义务构成了作为公民、主体和人类存在于世界中(In-der-Welt-Sein)的无声的超级规则。此外,对贵族精神及其洋溢的情感的心理批判,在批判神圣的或过分善良的人方面也有对应的内容。18世纪的法国道德家在这方面表现出色。就像霍布斯用恐惧这一激进的主题甚至切断了高尚生活理念的根基一样,道德家们用"自尊心"(amour-propre)这一激进的主题摧毁了无私奉献这一过度理想化的前提,而神圣生活的概念正是来源于此。因为现代性不再能使用像无私的圣人和罪恶的自私大众之间的那种激情澎湃的差异性,于是用自爱的心理和自利的意识发明了一个人性的平台。在这个平台上,新的平等者可以在一种道德上的不修边幅(négligé)中相遇,而又不感到难堪。现代社会依托于资产阶级的规范性,因此它希望看到到处都是受到自私的动机驱使的人。

Ⅱ 关于蔑视这个概念

如果人们可以在霍布斯身上认识到今天仍然占主导地位的政治人类学的祖先,那么斯宾诺莎可以被认为是哲学意义上大众的发现者。斯宾诺莎是第一位现代民主的人类学家,因为他最早提出了这样一个问题:大众的自治如何可能实现?鉴于大众——按照传统,他称之为平民(vulgus)——总是以感性的表现、图像和感觉、想象力和欲望为导向,如贪婪、愤怒、嫉妒和野心,而不是以理性的见解为导向。[1] 斯宾诺莎不失时机地提出了后来大获成功的奉承理论,即想把整个大众提高到足够理性或逻辑成熟的立场上。斯宾诺莎一直持的反记者(Anti-Journalist)立场。他也不为伟大的公众撒谎。他永远不会关注作为主体的大众的发展;相反,由它所组成的这些表面的主体都要追溯到神圣的物质,作为它们各自出现的模式,它们永远

---

[1] 比较:Yirmiyahu Yovel, *Spinoza. Das Abenteuer der Immanenz*(《斯宾诺莎:内在性的冒险》), Göttingen, 1994, S. 167 - 195。

是正当的。平民也是神圣物质的一种模式,这就是为什么智慧的人(sapiens)只关心对众人的基本特征,即想象中的生命进行公正的处理。欣赏并尊重这一特点,无非是要把它真正的力量概念化。但是,如果众人要获得对自己的权力——毫无疑问,这就是指斯宾诺莎对民主政府形式的前卫要求——就必须澄清一个问题,即众人在想象力基础上的自治是如何实现的。这需要假设,在想象力中,有能够替代理性的想象力,就如同理性可以在另一个语域中被完全替代一样。斯宾诺莎式的民主是能够为大众提供有效的理性类比或仁慈模拟的社会秩序。它必须在图像中替代话语不能为多数人做的事情——这一假设在今天对以民族国家为基础的民主神话的统一和导向力量的反思中仍然继续产生影响。

斯宾诺莎的这些思考是对大众文化(Massenkultur)的慷慨预言,因为他并没有拒绝承认多数人的由准理性想象力所控制的共同生活的权宜之

II 关于蔑视这个概念

计(modus vivendi)。然而,哲学家不能沉迷于这种生活模式可以通过教育来压制或废除的幻想,因为即使是最全面的大众教育也只能用一套想象来替代另一套。相反,他要求找到方法,帮助人群在其自身层面上,进入一个不那么非理性、不那么情绪化,因而不那么自我伤害的、有限的——但以其自身方式完整的——生活形式。他声称他的学说有促进社会生活的长处,他敦促其信徒"不憎恨任何人,不蔑视任何人,不嘲笑任何人,不对任何人生气,不嫉妒任何人"[1]。事实上,斯宾诺莎的人群理论(Theorie der Menge)几乎构成了一个独特的见证,即存在着一种非虚伪的方式以与人类教育更具限制的形式打交道——这种方法承认仍然停留在想象层面上的生活,就像承认生活就是它本身一样,因为它恰恰是无限的或上帝本性(Gott-Natur)的局部结晶。可以肯定的是,斯宾诺莎主义的影响史表明,人们不仅会因为被拒绝承

---

1 *Ethik*(《伦理学》), Teil II, Lehrsatz 49, Scholium.

认而感到不快,也会因为被承认而感到陷入尴尬。

如果人们可以认为斯宾诺莎从现代大众意义上发现了人群的政治问题,那么他同时也是第一个揭示了在公共领域中不被注意者变得被人注意到时所产生的审美和道德尴尬的作者。在他对情感的定义中,斯宾诺莎将蔑视(contemptus)定义为一个物体在试图赢得心灵的尊重方面的失败。

> 蔑视是对某一事物的想象,它对心灵的触动如此之小,以至于心灵因该事物的存在而更多地去想象该事物中没有的东西,而不是该事物中存在的东西。[1]

如果人们在这个表述中用"大众"一词来套用

---

[1] *Ethik*, Teil Ⅲ, Definition 4. 人们在斯宾诺莎的定义中找到了霍布斯的一句话的回音:"那些我们既不渴望也不憎恨的事物,我们称之为'抗争'。挫折不是别的,而是抵制某些事物的作用的心不稳定或不坚定;是由于心已经被其他事物或更有力的事物所感动;或由于对它们缺乏经验。"*Leviathan*, Teil Ⅰ, Kap. 6.

Ⅱ 关于蔑视这个概念

事物,那么它将被定义为无法吸引心灵的兴趣,因为大众——首先在大部分情况下——体现为没有什么特别的东西(Nicht-Besondere),就是这样微不足道。大规模的发现带来了将无趣的人提升到有趣的行列中。在这个过程中,无趣的东西会变成被错误认识的有趣之物——又或是被过度曝光的无趣之物。因此,变得显眼的无趣之物,成为可蔑视之物(das Verächtliche)的逻辑形式,在它之中,真实存在的虚无(Nichtigkeit)涌入视野。通过这类对象的存在,心灵看到了自己被迫"否认它们的一切,这可能是导致钦佩、爱、恐惧等因素的原因"[1]。这种考虑的延伸,让我们看到了,为什么大众文化在任何时代都被束缚在试图将无趣之物展开为最引人注目的东西之中。它自始至终依赖于强迫注意(Aufmerksamkeitserzwingung)的策略,因为它打算把微不足道的物体和人物放在最前端的视线当中审视。当然,在斯宾诺莎的观察所适用的

---

[1] *Ethik*, Teil Ⅲ, Lehrsatz 52, Scholium.

对象这里，我们也不会发现在任何其他对象那里没见过的新东西，[1]因此，我们额外缺少的只是：过度地观看。另外，我们也注意到，即使是人，在这里也可以以事物理论的方案来理解。这显然不是巧合，因为大众文化无论在哪里主张自己，都要依靠琐碎与特殊效果的结合。

毫无疑问，现代的历史就是一连串以前看似无趣的群体对于蔑视或漠视发动的起义。最近的社会历史的实质——或者说它的剧本——是一系列提高自尊的运动，在这些运动中，不断有新的集体冒险前进，要求得到承认。[2] 暴力和理想主义成为通用语言，新群体在其中强制为自己获得兴

1　*Ethik*, Teil Ⅲ, Lehrsatz 52, Beweis.
2　如果笛卡儿将蔑视（mespris）的激情定义为一种灵魂的倾向，即强调它所蔑视的东西的卑微或小气（bassesse ou petitesse），那么新的社会运动所依赖的论点是：卑微并不那么卑，而小气并不那么小，以至于它不能要求"真正的慷慨，它使一个人在最高程度上尊重自己"。比较 Rene Descartes, *Les passions de l'ame*, dt. *Die Leidenschaften der Seele*（《灵魂的激情》），Hamburg, 1996, S. 236, 238。

Ⅱ 关于蔑视这个概念

趣;它们是现代政治舞台上不折不扣的吸引注意力的特殊效果。每一个新出现的政治主体都会赢得意义和关注,一方面,它把自己打扮成一个行动中心(Aktionszentrum),就像旧时的主宰一样威胁或对外宣布紧急情况,另一方面,它在自己身上找到一个真正人性的顶峰位置。这就清楚地表明,这种追索总是为了攻克昔日的高地,以此来取得直到今天还享有大量的尊重的地位。

在敢于发动这种攻势的地方,传统中的上与下的关系颠倒就已经迫在眉睫。在诗作《普罗米修斯》中,年轻的歌德甚至颠覆了神与人之间的悬殊位置,把叛逆的泰坦变成了神的蔑视者:"我知道在太阳底下/没有什么比你们这些神更可怜的了!"对人类友好的泰坦自问:"你不是自己已经完成了一切吗……?"此时,过时的超级世界(Überwelt)被证实丧失了力量。人们便不能再指望得到它的帮助。然而,不再有力量帮助的东西,它就不能再作为崇高的源头之地来得到膜拜了。

曾经是至高无上和最崇高的东西，从现在开始没有了可以传承下去的荣誉。一下子，诸神变得无趣了，而受泰坦保护的人类则以合规的、新的兴趣向自己胸中大量的谜团弯腰。

通过一个相关联的思想运动，黑格尔在他对主人和仆人的辩证法分析中表明，昨天被征服和被蔑视的部分如何能成为今天居于统治地位的和自尊的部分。一开始，尚处于仆人地位的对手在为获得承认而进行的生死大战中浑身颤抖；他在第一次决斗结束面临死亡之时找到了自己的极限，并在能扮演死亡的人身上看到了自己的主人。由于他的颤抖，失败者已经屈服了，并且在为他的生命恳求中，学会了祈祷，将祈祷这种奴隶的语言作为对统治者的赞美，心甘情愿地服从，在胜利者、强者和高贵地位继承人面前表现出最顺服的谦卑。但是，当仆人放弃直接的自我享受，在整个时代里从事真正的工作时，在他身上，启发世界的实际能力就在增长。他因此获得了权威，这种权

II 关于蔑视这个概念

威包括能够动手做事情,以及知道如何做,而主人却把自己越来越故步自封在对其他人的工作成果的无力享受中,在这种情况下,他失去了对操作事物的把握。最终,主人只留下了一个感觉主义的外壳;而掌握多项技术的仆人作为世界和自己的新主人出发去享受。如果黑格尔将斯宾诺莎的信条颠倒过来,把物质发展为主体,那么这项事业的合理性来源就是仆人的不可抗拒的解放。在仆人存在过的地方,就有了工程师、公务员、企业家、选民;而在过去有主人的地方,必须定义新的任务才行。昨天的主人找不到新的角色,就变成了吸血鬼,也就是变成了形而上学版的古老社会制度(ancien régime)中多余的人——在过时的臆想的驱使下,他们注定有无法满足的渴求。鲍里斯·格罗伊斯(Boris Groys)指出:"对于大众来说,吸血鬼长期以来一直是民主生活环境中贵族高级文化的最后体现,尽管如恶魔般丑陋。"[1]

---

1 *Kursbuch 129*, 1997, S. 143.

既往物质变得黑暗的部分,即奴役性的大众,当他们通过劳动工作和驾驭所有物质资料夺取权力后,就不再是可蔑视的了;即使他们可能在创造历史的斗争开始时陷入了堕落的境地,因为为自己的生命恳求的人不再能够有允诺决斗的能力,那么在历史的尽头,他们就要成为自我满足的普遍阶级(universale Klasse)。现在,人人平等的原因是他们共同从无趣中走出来,进入"公共之光"(Licht der Öffentlichkeit)。劳动过的人才可以让别人看到他自己。但正是由于普遍出现成为可能,一种新的、明显的、对未来的世界具有决定性意义的差异明确地显现出来:由于启蒙运动打开了启蒙之外的东西——政治上的豁然开朗局面、行动的自由空间、市场的缺口以及历史性的机遇——那些敢于获胜的人因为在对自己有利的时机出现的一刹那就勇敢地紧紧抓住它,从而最终获得胜利。没有人比拿破仑更清楚地掌握了在媒介化的大众环境的机会空间中崛起的逻辑,

II 关于蔑视这个概念

他曾对雷穆扎夫人(Madame Rémuzat)说:"平等的观念,对我来说有些诱人,我只希望它会越来越普及。"1

后奴役的自我满足不能当场发生,而是以劳动的历史和历史的劳动为前提——这种劝导人去怀有历史意义上的耐心的告诫源自黑格尔的研究。自我满足的大众与明确的自我享受,由一种不可避免的延迟分隔开来。条件还没有完全成熟,享受的前提仍有待于满足。在享受之前,需要重新分配;在重新分配之前,需要多数人的统治。达成这个方案需要时间,只有在以这个为目的的时间里,即真正进步的阶段,对不得不产生延迟的原因持之以恒地表示不耐烦,才有历史行动的持久动力。时间要为即将到来的东西变得成熟;但同时,将要到来的事物只有对现有事物表示不耐

---

1 *Im Schatten Napoleons. Aus den Erinnerungen der Frau von Rémuzat*(《拿破仑的阴影中:雷穆扎夫人回忆录》), Leipzig 1941, S. 104.

烦,才能成功地呈现出来。事实上,不满情绪在18世纪就已经潜滋暗长,而在19世纪就变得分外激进;那些深谙个中三昧的愤慨情绪的代言人被称为知识分子,在他们的协助下,它采取了进攻性的态势。没有谁比年轻的卡尔·马克思在不满意的社会中制定激进的进步实践原则时做出过更大贡献了,他这样说道:

> 激进就是要从根本上把握住事物。但人的根本是人本身。德国理论界激进主义的证据显示……其出发点从……废除宗教开始。宗教的批判终结于人是人的最高存在的学说,也就是说,以绝对律令的方式推翻一切让人是退化的、被征服的、被抛弃的、可蔑视的存在的状况……[1]

---

1 Karl Marx, "Zur Kritik der Hegelschen Rechtsphilosophie, Einleitung"(《黑格尔法哲学批判导言》), in: *Die Frühschriften*(《早期著作集》), hg. v. S. Landshut, Stuttgart, 1968, S. 216.

Ⅱ 关于蔑视这个概念

在这句话中,青年黑格尔派的伦理,用我们今天熟悉的话语来说,则是社会民主的伦理得到了最为充分的表达。它的基础在于要求废除导致人类的堕落及其在蔑视中的反思的整个社会关系体系。并不是当人对人的主观蔑视得到补救时,也就是说,在作为居高临下的贵族阶级被清算之后,感到不幸的众人在寻求完整性的过程中就能得到满足;相反,只有当他们所处状况的可蔑视性的真实原因整体得到废除时,他们才会感到满足。

根据马克思的深刻洞见,传统阶级社会中的大多数人由两种方式变得可蔑视,或者说非人化:在政治上,是压弯一切的统治秩序,其后果就是产生了被压抑、被奴役的人;在社会上,是把人掏空的劳动制度,其结果就是产生了无产者的心理。然而,这两种畸形变化汇聚在了一起——资产阶级和左派聪明的作者并不知道或故意不想知道这一点——汇聚到了永不满足的补偿和报复需求之中,而这正是20世纪的娱乐产业和羞辱产业一直在予以满足的需求。人的第三种可蔑视性,人在庸俗化的、堕落化的且灵活化的通信系统中暴露自己。这个媒体时代的互动癌症(interaktiver Krebs)对于19世纪的革命者来说仍然处在他们的视野之外;只有少数极为杰出的艺术家——首先是波德莱尔(Baudelaire)和马拉美(Mallarmé)——对人由于琐碎而平庸的交际日益被固定在羞辱之中的倾向极富预见性地做出了激烈反应。就第一个主题而言,即对于受惊吓的人的政治羞辱和变形,马克思从不缺乏清晰的认识。他在1843年给鲁格(Ruge)的一封信中写道:

> 专制主义的唯一想法就是蔑视人,被剥夺人性的人……专制者总是看到人被侮辱了人格。在他眼前,人们被淹没;对他来说,人们都沉浸在普通生活的泥沼中,像从泥沼中

Ⅱ 关于蔑视这个概念

走出来的青蛙一样……君主制的原则基础就是被蔑视的、可蔑视的、非人性的人……[1]

关于蔑视的第二种形式,即源于多数人被囚禁在异化劳动体系中的蔑视,马克思仍然被一种诱惑性的矛盾心理所困扰,因为他的学说无法决定它是要为减轻还是加重无产阶级受到的痛苦而争论。它的兴趣过于集中在对自我救赎的阶级愤怒的幻觉之上,这种愤怒只能从最深的困苦中升起。[2] 然而,年轻的马克思在他的革命

---

1 Karl Marx, "Ein Briefwechsel von 1845"(《1845 年的来往书信》), in: *Die Frühschriften*, hg. v. S. Landshut, Stuttgart, 1968, S. 162 - 163.
2 瓦尔特·本雅明在谈到这个马克思式的计划时,仍然完全是以幻觉中的伙伴为基调:"从当时美丽精神的社会主义试图奉承的无定形的群众中打造出意志坚定的无产阶级,这是他很早就想到的一个任务。"载:"Über einige Motive bei Baudelaire"(《关于波德莱尔的几个动机》), in: *Charles Baudelaire. Ein Lyriker im Zeitalter des Hochkapitalismus. Zwei Fragmente*(《查尔斯·波德莱尔:高级资本主义时代的抒情诗人——两个残篇》), Frankfurt 1969, S. 126。

的绝对律令中仍然关注完整的人类学反叛,即抽空的、被剥削的物质回归到完全的主体形式。只有那些无障碍、无剩余地消费自己产品的人,才能作为未来真正的主人享受一切,这是马克思主义可信的箴言,正因为如此,马克思主义才不能否认其起源于唯心主义的角色形象。整体对整体的消费是古典哲学的最终极思想——它使得革命这个世纪概念具有了形而上学的和声,同时也和尘世间的末世观建立了关联,在这个时候,生产和享受形成了一个闭合的圈子。在马克思的时代,工人运动的实用主义派力量高度重视对无产阶级生存状况做稳定的、较小的改善,作为群体培养的长期计划,哪怕是很小的改善亦是可喜的成果。没有人会否认社会民主主义的实用主义有其真理性要素。然而,从对有限消费的一小步的"过早"满足中,对大众和他们的理论赞助者产生了一个新的威胁:如果平面上的这种进步只是蔑视的结构性变化,那又会怎么样呢?

Ⅱ 关于蔑视这个概念

正是在这个发展阶段上,弗里德里希·尼采接手了这个问题。正是他引导了目前仍在进行的不断的升级工作,使之进入了决定性的阶段。《查拉图斯特拉如是说》的作者还坚持——在这方面,他与现实理想主义的黑格尔更为相似,而为两位哲学家做注解的大多数学者却都不承认——可蔑视性是一种客观的东西,因此,不能仅仅通过主观上停止蔑视而得到消除。社会民主的好脾气并不能解决在争取承认的斗争中纵向与横向之间的矛盾问题。是的,最后的人的那份自鸣得意似乎脱离了蔑视,但在尼采看来,这恰恰是客观可蔑视性的集中体现。

> 哀哉!人不再生出星星的时代要来临了……最可蔑视的人无法再蔑视自己的时代要来临了。
> 你们看啊!我给你看最后的人。

> "什么是爱？什么是创造？什么是渴望？什么是星星"——最后的人这样问道，然后眨了眨眼。

赢得可蔑视性这一称谓的并不是自我满足(Selbstbefriedigung)本身。可蔑视性是自我满足之中过于令人满意地表现出来的狭隘性。在查拉图斯特拉的眼中，最后的那个人是可蔑视的，因为他想停留在世俗的、有限的、在水平线上耗尽的"小欲望"(Lüstchen)上。最后的那些人对他来说又是可蔑视的，因为他们的享受没有向上开放。那些人在那个人看来是可蔑视的，首先是因为他们宣布贵族式的激情、自我超越的热情和创造性的付出不过是一种疯狂，并由此开始以一种被治愈的平面理性的名义，完全蔑视接受挑战和提升的生活的标准。尼采说过，在"普通人的天性"看来，高尚动机所驱动的人不过是傻瓜；他们蔑视他的乐趣，嘲笑他眼睛中闪出的光华。这是"普通人

II 关于蔑视这个概念

的热情蔑视高贵热情的非理性以及荒谬之处"[1]。因此,那些蔑视者似乎是可蔑视的,他们对任何超出自我满足的中间范围的任何评价、欲望和理解的情绪牵动都表现得麻木不仁。查拉图斯特拉把蔑视最后的人作为自己的责任,因为他的同情之心不允许自己赞同一个对自己要求如此之低,以至于完完全全抛弃了自我蔑视的可能性的生活方式。如果还可以继续以人为梦想的话,那么也会同时守护着蔑视人的可能性。

尼采深不可测的挑衅在于,他把人群对其超越地平线的设施的一切蔑视变成了物质以及抵抗的大众(Widerstandsmasse),以获得一种纠正的、增效的蔑视。随着查拉图斯特拉的介入,蔑视获得了一个复杂的基本秩序:在第二种蔑视中,先前的蔑视颠倒了方向,并重估了价值。尼采的"反感"定理是指弱者逃向对强者的道德蔑视,是这一

---

[1] *Die Fröhliche Wissenschaft*(《快乐的科学》), No. 3.

反转的逻辑痕迹。时至今日，它仍是解释大众文化中社会心理状况的最有力的工具。诚然，对于这个工具而言，说谁可以或者说谁应该来使用它却并非易事。它提供了对现代社会中大多数人行为最合乎道理的描述，同时也提供了最具论战性的解释——之所以具有论战性，是因为它将那些证明自己具有优秀道德动机的个人心理倾向直至其隐秘的内驱力层面描述为反垂直性的反应和减损机制——从而在"真理"和"可接受性"之间产生了一种互相排斥的关系。说它是合乎道理的，则是因为它恰恰证明了被羞辱者自我意识中的羞辱需要（Erniedrigungsbedürfnis）在可觉察的经验方面实际上几乎无处不在（Allgegenwart）。人们甚至可以说，尼采指出的那种重估斗争正是现代社会公共领域的活力所在，而大众文化在现代化中前进得越是深入，斗争就越是激烈。

必然地，第二种或曰复合式的蔑视现在也同时从下面成倍地发生，作为新的灵活化了的大众

II 关于蔑视这个概念

对精英的攻击性蔑视。他们想把自己的生活方式作为一切的衡量标准,并摆脱用蔑视的眼光凝视他们的观察者。作为最后的精英主义者对大众及其标志性用语的蔑视,他们知道自己的目标为大众所蔑视,同时他们也预料到了自己一贯所珍视的东西在新兴的大众文化中已经过时。至于第二种立场,弗里德里希·尼采堪称其前无古人且后无来者的最雄辩的倡导者。他把满足人类普遍的基本需求的社会民主理想,与生活在高度紧张和最高紧张状态下的创造性的少数的自我提升对立起来,尽管他们周围的社会早已发出"顺其自然"(Lass es sein)的口号。毫无疑问,这种选择因其小众性,在文化政治上也变得毫无出路可言——充其量也不过是时不时被人们再次提及,目的也仅在于重新嘲弄它一下。自第二次世界大战以来,有左翼黑格尔和实用主义主流的无数知识分子,新近又有年轻的亚里士多德的信徒和虔诚的相遇-伦理学家们(Begegnungsethiker)加入,他们一直在努力为作为大众攻击源头的第一种立场发声。目前在这个领域内特别成功的是哲学家理查德·罗蒂（Richard Rorty），他毫不掩饰地将自己置于最后的人的阵营当中——前提是，他们是美国人——并直言不讳地将从克尔凯郭尔和尼采到海德格尔、阿多诺和福柯等一众批评者描述为费力不讨好、喜欢显摆的理论家，即使这些人仍然被他列在自己书单的重要位置。作为一个来自下层的蔑视上层蔑视者的人，自由主义者罗蒂，在弗吉尼亚州的空气中变成了一个社会民主主义者，他宣扬的是新版的美国梦——堂堂正正地走进平庸，在必要的情况下，还要与欧洲再次分离。[1]

---

[1] 罗蒂谈到了一个"假绅士派头的知识分子的苦行教士种姓"，他们必须承认一个更公正的社会的乌托邦承诺，尽管那只是一个平庸的社会。尽管罗蒂一再强调要和尼采保持距离，但他自己在这里还是明确无误地使用了尼采的语言。这使他有别于哈贝马斯或吕克·费里（Luc Ferry）这种全面而尖锐的反尼采主义者。这位美国哲学家曾毫不掩饰地公开表示，如果人类失去了诞生舞蹈明星的能力，人类就不再有什么意义。而这些作者追求的路线则是以道德征服艺术、以怀疑（接下页）

Ⅱ 关于蔑视这个概念

马丁·海德格尔在《存在与时间》臭名昭著的第27节"常人"中围绕可蔑视者及其对立面的哲学进程做出了最后的杰出贡献。随着对黑格尔的精神意识形态的急剧转向,海德格尔提出了对人本质现代性的阐释:"……人的'实质'不是精神……而是存在。"[1]然而,对海德格尔来说,存在(Existenz)不可避免地成为一种分离的表演场。在那里,落入外部"阴谋诡计"的庸俗的人和那些被提升到本真的存在的监护与顾虑中的人彼此分开。这样一来,

---

(接上页)的绝对规则和共识控制思想为基础的。罗蒂的自由主义方法制定了一个哲学上的对应物,就像托马斯·曼所提出的要求一样,现代艺术家要忍受作为艺术家的无政府、反社会时刻与自我分配给民主社区的必要性之间的紧张关系。他必须是绝对的社会民主主义者。在这一点上,罗蒂是值得认同的。引言来自:Richard Rorty, "Keine Zukunft ohne Traume"(《没有没有梦想的未来》), *Süddeutsche Zeitung am Wochenende*(《南德意志报(周末版)》), 30./31. Januar 1999, S. 1. 此外,作者使用了怨念论点来描绘上面提到过的困难,并冷血地将之应用于尼采本人,其论点在于,尼采并没能克服对大众的怨念。

1 *Sein und Zeit*(《存在与时间》), S. 117.

上述基本分类（Grundsortierung）就是历史中秘密的、必须被特别提及的基本事件，而这历史则是由我们自行创造的。然而，首先，海德格尔从理论上以一幅非凡的肖像打开了常人的苍白的自我。

常人对他的肖像画家来说，他身上特别引人注目的是，没有任何东西可以用来表现决定了他存在的特殊性、根本的个体性和不可代表性的特征。在海德格尔看来，涉及常人一样的群体时，"不经意间已经取得了对他人的统治权。常人自身属于其他人，并巩固他们的权力"始终适用。但以这种类似于常人化和大众化的方式被赋予自我的人——根据海德格尔的说法，他们首先且大部分情况下无一例外地——无法感受到这种平坦。

> 在这种不显眼和无法被确定的情况下，常人展开了它本来的独裁统治。我们像常人一样享受并自娱自乐；我们像常人一样阅读、观看和评判文学和艺术；但我们也像常人一

II 关于蔑视这个概念

样从"巨大的人群"中退身出来;我们像常人一样,觉得令人愤慨的东西是令人愤慨的……公众(Öffentlichkeit)掩饰了一切,并把由此被掩盖的东西当作尽人皆知和人人可以获取的东西……每个人都是他者,没有人是自己。这个常人……其实谁也不是……[1]

海德格尔在"常人"的模式中狡猾地唤醒了"此在"(Dasein),使每个个人无一例外地参与到对最初有效的结论的蔑视中:我们总是被基础已经掏空了的他人瓦解到这种程度,因为在任何情况下我们都无法找到我们"自己"的存在。剥离自我(Ent-Eignung)发生在每一次激起本真性和个性之前。在这些前提下,可蔑视性必须作为一种必然存在之物出现,它烙印在此在的身上,因为它最初只能是与腐烂的他者一起的腐烂的共在

---

[1] *Sein und Zeit*, S. 126/128.

(Mitsein)。在常人自我中,庸俗的他者曾经优先于"本真的"自我,它可以变得几乎是高贵的。因此,人们在一开始就无法不轻蔑地生活,不可能不以常人的方式生活,不可能不分散地生活在无人的独裁(Niemands-Diktatur)中,因为目前每个人都只作为常人来到自己身边,而且通常都会保持这样。然而,海德格尔的哲学努力的重点是为转入非可蔑视性、转入激进的并且实际是高贵的生存做准备。然而,这种关于例外的觉醒是如何发生的,到最后仍然不清楚,尽管海德格尔把恐惧和无聊作为具有变革力量的癫狂状态。这一方面是因为永远无法确定从常人中脱颖而出并成为实际存在着的英雄的愿望是否仅仅意味着庸俗的又一次佯攻;另一方面则是因为根本不存在客观有效的程序,可以从庸俗的起始位置(从"最初和最大多数")过渡到高贵的存在。唯一可以肯定的是,这不可能是一种世袭的贵族,而只能是一种混合形式的服务贵族,更确切地说,是一种天职贵族,

Ⅱ 关于蔑视这个概念

因为存在的守护者只能由存在本身提升到守护者的地位。海德格尔似乎预见了作为一般蔑视者的"观察者"(后来在卢曼的系统理论中被赋予了最高荣誉),他在观察到现代社会后总是会指出,社会——无论在东方还是西方——总是只考虑到普通人的无底的组织(bodenlose Organisation)。后者的标志状态是对一切创造性和自由的东西[1]都抱有仇恨的怀疑态度。这种傲慢的论调在这个时代达到了可信度的顶峰,在这个时代,无论政治和大众媒体中的极权主义恶名如何,都不需要等待太久就能找到心甘情愿的助手。

---

1 Martin Heidegger, *Einführung in die Meraphysik*(《形而上学导论》), Tübingen, 1987, S. 29.

Ⅲ

双重伤痕

回顾现代蔑视(mépris)的发展及其在哲学、新闻和文学性演讲中的偶尔闪现,总结起来无非是,为获得承认而进行的普遍斗争,将动员起来的大众社会纠缠在疯狂的群体动态的永久过程中。这些越无法明确讨论并以场景性规则把握,往往就越是强大有力。不难看出,对它们进行解释、节制和宣泄的状况并不算好,因为在今天仍然适用的条件下,对这一领域的干预更多地被视为傲慢地偏袒某一方,而不是调解;是不受欢迎的挑衅行为,而不是启蒙的机遇。如果一切照旧,任何人只要指出当代社会空间中存在尊重和蔑视的问题，都会遭遇到大众媒体出于条件反射而几乎无懈可击的叫停——就仿佛提出问题也已经违反了沉默的普遍约定一样，仿佛提醒大家存在着尴尬的事件本身就已经是一种冒犯行为，需要予以报复才行。

确定这一点只是用另一种方法来说出所有已知的各种社会哲学都在现代社会的敏感问题——垂直与水平关系之间的冲突——面前失败了的事实。哲学家们只是以不同的方式奉承社会；而他们应该做的其实是挑衅它们。

然而迄今为止，如何以治疗和启迪的方式利用现有的紧张关系及其排放，几乎没有讨论过。审美的揭示和改造、治疗、精神本性的实践方法暂时仍被亚文化封锁。唯一看起来毫无疑问的是，如果没有幽默和正义之间的敏感联系，紧张的充满问题的大众就无法实现宣泄。现代蔑视本身的结构异常复杂，总是以蔑视的和被蔑视的蔑视

Ⅲ 双重伤痕

(verachtende und verachtete Verachtung)的形式出现。这使得接近没有安全感的大众自恋和受伤的精英野心的混合领域以及它们之间的纠葛变得既困难又危险。心理治疗师称为悖论式干预的东西,极易成为这里的致命性干预。"冷战争"的一种心理动力学模式就是长期而隐蔽地争夺效力需求的斗争——在于这种野心和公认的充分性的不安渴望的"热和平"。[1] 不过,也不能排除有朝一日,新一代的公共关系技术员、挑衅治疗师、对抗和平衡的政治艺术家在这个领域中开启一个新的启蒙游戏时代。[2] 最近一项关于美国高低文化

---

[1] 比较:Antje Vollmer, *Heißer Frieden. Über Gewalt, Macht und das Geheimnis der Zivilisation*(《热和平:关于暴力、权力和文明的秘密》),Köln,1995。

[2] 我们认定,20世纪最伟大的媒体思想家麦克卢汉作为理论表演者和大众治疗修辞者也能产生非凡的效果,他的失败源自欧洲旧有的防御性阻挠。在德国,目前这一领域最重要的活动家之一是行为哲学家巴松·布洛克,他不仅有广泛的干预主义实践,而且还有详尽的符号干预理论。参见:Bazon Brock, *Die Re-Dekade. Kunst und Kultur der 80er Jahre*(《重新十年:80年代的艺术与文化》),München,1990。

(high and low culture)之间的冲突研究中所说的内容不加任何限制地适用于"当高低文化相遇时,两个开放的伤口正相互面对的状况……每一方都在信心和绝望之间徘徊,怀疑对方代表了自身缺失的东西"[1]。

敞开的伤口证明了人与人之间纵向差异的困境,这种差异既是不可缺少的,也是不可避免的,更是不可忍受的。

如这里所指出的现代社会心理政治领域的并发症被大多数新近思想史的研究固执地忽略了。这种研究专门致力于将19世纪末和20世纪初的艺术家和知识分子的精英主义言论收集起来——例如,约翰·凯里(John Carey),他的《知识分子与大众:文学知识界的傲慢与偏见,1880—1939》一书是坚实而又典型的关于琐碎的文学社会学的例

---

[1] Bettina Funcke, *The Masses Laugh Back*(《大众笑着回应》). 在1998—1999年惠特尼独立研究计划的批评理论研究员研讨会上的演讲,惠特尼美国艺术博物馆,1999年5月26日。

Ⅲ 双重伤痕

子,大众的怨念(Ressentiment)作为一种政治正确的精神科学的模式带着成功的确信登场。人们从这些书中基本上只能了解到自己已经知道的东西:波德莱尔拒绝摄影,因为它给了"卑鄙的人群"(gemeinen Haufen)一种"凝视自己琐碎形象"的手段,而英国附庸风雅的假绅士们嘲笑连排房屋、胶木玩具和罐头食品,却无法说出理由。这种学派的作者们往往对马基雅维利和黑格尔之间关于"乌合之众"及其转变成人民的贵族和大资产阶级话语体系的传统毫无察觉。毕竟,我们在伟大的启蒙思想家伏尔泰那里听过这样的声音,它处在政治上也并非毫无异议的话语中:"如果卡内尔干扰了理性的事业,那么一切就都完了。"我们听到了来自德意志共和国的先驱海因里希·海涅的声音,它化身为艺术家的叹息:"现代清教徒沉闷的工作日心态已经在整个欧洲蔓延,就像严酷的冬季之前灰蒙蒙的黎明……"我们又听到了启蒙哲学家弗洛伊德柔和的声音,一如他在 1921 年的

《大众心理学和自我分析》一文中写道:"我们的灵魂……不是一个和平的、自我调节的单元,它更像一个现代的国家,在这个国度里,一个审慎的高等阶级利用暴力压制住寻求快乐和破坏成瘾的暴徒。"

尽管上面提及的文章在写作风格和思维方式上非常贫乏,但它们越过某些腐化阶段,源自一种有活力的尽管是有问题的模式,其来源可追溯到德国唯心主义。这正是约翰·戈特利布·费希特(Johann Gottlieb Fichte)作为现代异化理论的创始人,对为什么这么多人在没有显著的困难的情况下仍然表现得远低于自身的潜力,以及无数人无法发掘其内在的问题提出了富有启发性的重要解释。费希特证明,在每一个未决断的以及琐碎的人的生活的基础层面上都有了一个基本的思想错误,这个错误顽固而不可解决,像异化的生命一样,产生于主体的那种无可辩驳的忘记他们最初的自我活动(Selbsttätigkeit)和生产力的倾向,这种

Ⅲ 双重伤痕

倾向让他们把自己看作事物中的事物,也因此成为外部力量的受害者。费希特有一句并不那么著名的话:绝大多数人在受引导的情况下宁可相信自己是"一块来自月球的熔岩,也不是自我"——这句话道尽了庸俗本体论(vulgärontologisch)思维的运作模式:它描述了自我物化和自我矮化结成的邪恶联盟,上面盖上了自然主义的封印,再点缀上虚荣心。

众所周知,黑格尔版本的异化思想一直起引领作用,并经由马克思主义发扬光大,成为21世纪的历史因素(Geschichtsfaktor)。即使在诸如原始生产(Urproduktion)、自我丧失(Selbstverlust)和重新占有(Wiederaneignung)等哲学要素已经光芒渐逝或不再完全被认真对待的地方,唯心主义行动派的公式仍然为众多的作者服务,并使他们认识到,他们的样子通常不符合要求。唯心主义认为,人对人的削弱是一种慢性丑闻。

异化的思想使这样的概念变得合乎逻辑：人类的每一项活动和每一种美德从某种意义上说都存在两次，一次是在垂直层面展开的，一次是在水平层面展开的；一次是地道的，一次是堕落的；一次是优雅的自发性，一次是廉价的仿制品。萧伯纳在他的喜剧《人与超人》（或许它也可以叫作"通过婚姻规训超人"）里召唤了历史上唐璜的形象，托付他完成谴责地狱永生的不真实性的任务。在萧伯纳那里，所有的逝者都选择自己在彼世的位置，就像被异化的大众习惯于按其本性来选择自己的位置一样。因此，在大众文化和上流社会之间提供妥协的地狱总是门庭若市，而天堂却门可罗雀，因为大多数到达彼世的人害怕它禁欲主义的环境以及极简主义的亮度。就像未来的私人电视台节目导演一样，魔鬼颂扬浅薄的人本主义模拟，使他的外围领域对所有圈子都有吸引力，而唐璜，为天堂的高级文化的争夺者唤起了高与低之

III 双重伤痕

间的区别：

> 您的朋友——这是对魔鬼的请愿书说的——是我所知最无趣的狗。他们并不美丽，他们只是打扮得花枝招展。他们并不纯洁，他们只是被剃光了毛发并得到了加强。他们没有尊严，他们只是穿着时尚。他们没有受过教育，他们只是有大学毕业证书。他们并不虔诚，他们只是租了教堂里的一把礼拜椅。他们不是道德的，他们只是固守着传统。他们没有美德，他们只是胆怯。他们甚至不是邪恶的，他们只是懦弱。他们不是艺术家，他们只是好色之徒。他们没有自尊，他们只是虚荣……

当然，魔鬼就像读过罗蒂一样，不再囿于这些区别。作为大众文化的主宰，他已经准备好了合适的答案。这一切都只是陈旧的唠叨,重复许久之前说过的东西,以及世界根本没有做任何记录的装腔作势的话语。如果活着的人已经决定反对垂直方向的差异,那么地狱在这一点上不能有任何不同的坚持。

IV

人类学差异

哲学家卡尔·雅斯贝尔斯（Karl Jaspers）在其1931年发表的《时代的精神状况》(*Die geistige Situation der Zeit*)一书中，面对德国不可阻挡的法西斯主义群众反动趋势写道："反对贵族的最后一场征战从今天开始。……（它）是在灵魂本身的层面发动的。"[1]当雅斯贝尔斯把当时的最新攻击称作最后的攻击时，他以不明言的方式暗示，之前的漫长时代已经为所谓的最后攻击准备了手段和动

---

[1] Nachdruck Berlin/New York, 1979, S. 177.

力。我们现在明白了,哲学家的这句话是在谈论哪种情况:最后的公开的精英们在注定的失败之前正在为档案收集着他们的论据。

让我们在更广泛的背景下考虑这种情况:政治贵族的去合法化曾经并且一直都是资产阶级最富激情的事情,从其根本心态出发,它绝对堪称超越时代的政治诉求;它发出了世纪的指令,日常的文化指令则都应从属于它。第三等级(der Dritte Stand)之上不应该再有第一或第二等级凌驾——世界近代史想要实现人与公民(Mensch und Bürger)的普遍平等。如果还存在贵族,那么我们怎么能忍受做不了贵族呢?所以就不存在贵族!——公民时代关于人的政治学说的基础就是这种三段论式的情感逻辑。而如果还有精神性或灵性——更明确地讲,那种使自己与众不同、卓然不群,从而获得自由的精神性和知识性的形式——那么它在未来平等体系中的位置又在哪里呢?如果没有令人反感的反射,哪里会有达到开

Ⅳ 人类学差异

阔的高度,让人们知道自己高高在上?

平等主义的情感所表达的内容远远超过平民和小资产阶级的自恋能力所引发的心理流行病。它也远远超出了单纯的反贵族阶级的怨念。它阐明了一个划时代的假设,即任何形式的人类学差异都应该被宣布为不现实且无效的——这是因为在新兴的功能差异化社会中,人类的这种根本性的等级区分不仅多余,而且令人生厌。[1] 作为研究单一和普遍人性的科学,人类学在 17 世纪开始形成,并从 18 世纪起不断发扬光大,同时也成为一门废除贵族和神职人员的科学,更成为废除人类之间所有所谓本质差异的科学。作为第一个积极的人文研究科学,它在任何时候都未曾忘记自

---

[1] 比较:Niklas Luhmann, "Interaktion in Oberschichten: Zur Transformation ihrer Semantik im 17. Und 18. Jahrhundert", in: N. L., *Gesellschaftsstruktur und Semantik. Studien zur Wissenssoziologie der modernen Gesellschaft*(《社会结构和语义:现代社会的知识社会学》), Band 1, Frankfurt, 1980, S. 72-161。

己的任务。它以有条不紊的严肃态度和战略技巧,追求既定目标:如果为了否定本质差异而必须废除本质本身,那么它也会付出这一代价。反本质主义是大众文化的逻辑要素,而在结构上被划分为各子系统的社会则是大众文化的一部分,这不是没有道理的。本质上的差异,那是古老社会制度的痕迹,必须被抹去;本质上的平等,为即将到来的共和国(res publica)指明了道路。此处,人类学必须提供帮助:就像旧贵族们试图用高贵的出身和特殊权利来证明自己的本质差异一样,现在资产阶级也在发起关于人人出身平等并且每个人生而权利平等的论调,只是这次不是为了证明本质的差异,而是为了证明本质平等,如果有必要的话,甚至可以证明人生来都不具备本质,或者生来的各种属性根本不代表什么。博马舍(Beaumarchais)强调了这种演讲的基调,在他的剧本《伟大的日子》(*Der tolle Tag*)中,他让已经变得自信的仆人费加罗在一次内心对话(innerer

IV 人类学差异

Dialog)中向他的主人发出预言性的挑衅:

> 那么,伯爵作为这样一个伟大的人物,他又已经取得了什么样的成就呢? 他不过是努力地出生了——全部的事情就是这样。(第五幕,第三场)

如果世界的一种状态——用黑格尔的话来说——能够由一个句子而走向毁灭,那么它就必须由这个词得到自我的彰显。"你为这一切做了什么? 你费尽心思出生——仅此而已!""努力投个好胎"——从表面上看,这是世界上最有力的平等口号,因为谁不会对此感同身受? 同时,它也是一种尚未学会的艺术中还未理解的基本词汇。这种艺术就是把人与人之间无法掌握的差异放置到人的出身、经历和政治预期的聚光灯下来——加以阐释。

但是就资产阶级主体获取话语而言,首先,这谈不上生来容易和生来就困难之间的差异问题。事件本身是差异的原因,这是一个暂时不能去思考的想法。出生就是出生,以这种信念,未来事物的行动者们(Akteure der kommenden Dinge)推开了通向种属未来的大门。所有的平等都有面对受孕和出生的偶然性的平等的原因。没有人比帕斯卡尔在他致伟人的讲话中更清楚地讲到这一点:

> 你的出生取决于一次婚姻——或者说取决于那些决定了你的出身的所有婚姻。但这些婚姻又取决于什么呢?一次偶然的访问,一次户外交谈,或成千上万个未预见到的机会。[1]

---

1 *Gedanken*, Erste Abteilung, Zwölfter Artikel (Discours sur la condition des Grands).

Ⅳ 人类学差异

巨大的婚姻链是完全由机会铸就的。如果谁出身于偶然的机会，那他一定不可能是出身高贵的。[1] 粪便和尿液之间的关系（Inter faeces et urinam nascimur），这不再是古代人关于在母亲的狭窄产道中生而为人时不稳定的生理开端的叹息，这个词现在成为人类学的公理和反对一切源于出身的不平等的运动口号。生育的随机巧合和出生的渠道被归入一个单一的普遍偶然性中。出生即一切。现在，出生本身就是普遍生育权的充分理由，毕竟直到1948年它才以明文的方式作为无一例外的、属于全人类的"尊严"写进了《世界人权宣言》当中。这种表达方式当中浓缩了现代社

---

[1] 只有尼采看到了一条可以重新让偶然性恢复为高贵理由的路径："冯·奥恩格法尔（Von Ohngefähr），那是世界上最古老的贵族，我把它还给了万物，我把它们从目的的奴役中救赎出来"。*Also sprach Zarathustra*（《查拉图斯特拉如是说》），Ⅲ，Vor Sonnen-Aufgang.
"Von Ohngefähr"意为偶然、意外，此处是个文字游戏。——译者注

会的一大悖论,即人人都享有某个特权。它进行了优雅的民主化进程。因为所有人都有权享有人的尊严,所以所有人都可以仰视所有人。人在自己内部有了垂直的差异。

在人类历史上第一次敢于实行包容性民主的地方,显然不能放弃妇科方面的保障。世袭头衔和专属权利都被搁置一边,取而代之的则是资产阶级的医生接手了这份工作。在主体化的接力赛中,卢梭接过霍布斯手中的接力棒。人出生时是自由的,但生活中处处都有枷锁;在各个地方,人分娩的方式都大体相同,并且每个人相应获得的自由既不比婴儿多,也不比婴儿少,在剪断脐带后,他们被交到那些作为人类真正的创造者的教育者手中。因此,这个时代属于教师和妇科医生,他们比以往更广泛地界定自己的活动领域。任何人都不应抽走他们在人类生产问题上的能力:从

Ⅳ 人类学差异

胎教到教育学到人类养成学[1]。尤其由于这些人类专家几乎天衣无缝地发挥着作用，公民时代（Bürgerzeit）作为国家时代（Nationenzeit），即作为伟大的出生集体（Natalitätskollektive）的世界时代开始了，在这个时代中，人与人之间的平等意味着平等地出生，他们作为自然界中有着同一性的新生个体来到同一个出生空间之中。[2] 一个民族意义上的国家首先是产科医院的所在地，然后是地方

---

[1] 早在17世纪，新的教育学家就把他们对人的塑造（Menschenformung）的要求扩展到了贵族，他们的教育实践丝毫不符合资产阶级教育的道德标准和方法。神学家和国家理论家约翰·约阿希姆·贝歇尔（Johann Joachim Becher）在1669年写道，贵族们只是把他们的孩子培养成"高贵的野兽"。出处参见：注46，第122页。Anthropogogik（人类养成学）这个词也可以追溯到贝歇尔。

[2] 关于国籍（Nationalität）和出生（Natalität）之间的关系，参见本书作者的著作：*Versprechen auf Deutsch. Rede über das eigene Land*（《用德语做出的承诺：关于自己国家的演说》），Frankfurt, 1990, S. 53 – 67, Kapitel 4: "Landeskunde von oben und innen. Zur Einführung in die Theorie der allgemeinen Einwanderung"; 以及 *Zur Welt kommen-zur Sprache kommen*（《来到世界之上，来到语言之中》）. Frankfurter Vorlesungen, Frankfurt 1988, S. 99 – 143, Kapitel 4: "Poetik der Entbindung".

军事替补办公室(Kreiswehrersatzamt)网络,然后才是民众学校和文理综合中学,最后才是售货亭和剧院。然而,国家首先是一个天才之地:伟人在这里诞生,且他们不再需要将自己的血统追溯到远古的英雄或神灵的族裔,因为他们自己直接面对了自然。这些——以及其他一些,但主要是经济方面的——塑造以及构成人类的相关部分[1]之间的联动与反馈产生了"现代社会"的效应。

如果想知道新一代平等者们在这个时代如何思考他们的平等,那么只需要看看权威作家和作曲家的教科书就够了,在那里,被宣布成为自己的主人的人如今正在学习发出解放的自然之声。直截了当地问他"你是谁?",他就会不可避免地说出帕帕基诺(Papageno)式的回答:"一个和你一样的人!"如果想知道他最终想要什么,他则会用莱波

---

[1] 参见:Walter Seitter, *Menschenfassungen*(《构成人类》)。继米歇尔·福柯之后,作者回顾了现代警察科学的指导思想:从众人(Leute)中制造人(Mensch)。

Ⅳ 人类学差异

雷洛(Leporello)的话来回答:"我想成为一个绅士/不再服役"(voglio far il gentiluomo /e non voglio più servir)。现在,做人就意味着要与服役解约,因为存在着服役就必然存在着人与人之间与生俱来的差异。[1] 在人人相似原则的作用下,民主人士发现自己对所有那些工作辛劳和肩负重担的人怀有几乎无限的同情心。"越不让自己眼花缭乱的,就越能让自己感动。越不值得尊敬的,越能打动自己。"[2] 同情心取代了居高临下的态度。

以拒绝所发现的差异的方式,现代政治人类学进入了这样一个阶段——正如这些人曾经习惯用年轻黑格尔式的话语所说的那样——它掌握了大众。最近阿兰·芬基尔克罗(Alain Finkielkraut)在

---

[1] 早在 18 世纪初,乔纳森·斯威夫特(Jonathan Swift)已经在其讽刺性的《仆人须知》中阐述了一些规则,从字面上理解,这些规则导致仆人破坏了仆从的服务。

[2] Alain Finkielkraut, *L'humanité perdue. Essai sur le XXe siècle* (《失落的人性:论 20 世纪》), Paris, 1996, S. 33.

他的《失落的人性》一书中为这个瞬间找到了一个快乐的表达方式。芬基尔克罗说,自从人类的伟大秘密,即从17世纪起被大师们小心翼翼地守护着的人人平等的秘密泄露以后——特别是被伟大的帕斯卡尔的轻率行为——同时代的人们就开始"以不同的方式来活出他们的不平等"了。我认为,对于现代民主的实验,从来没有一个更好的定义。以不同的方式活出不平等(vivre autrement l'inégalité)[1],有了这个公式,我们就可以重复"民主世界的时代计划对人类做什么"的问题,并有望得到一个有说服力的答案。

民主计划的基础是决定以别样的方式解释人们的别样性(Andersheit),也就是说,先抛弃他们之间已经发现的差异,然后再用人为制造的差异来代替。在未来,交战最激烈的界限将始终位发现和创造之间:利益保护和进步主义之间的界限,

---

[1] A. a. O., S. 31.

Ⅳ 人类学差异

屈从和自决之间的界限,获取本体和建构新颖、别样的界限,以及最终的高级和低级文化之间的界限。当雅斯贝尔斯在1930年代初能够说这是一场反对贵族的最后运动时,他不过是表达了符合现实的评估,即从当下开始,差异制造者(Unterschiedemacher)已经到了可以从所谓的差异寻找者(Unterschiedefindern)那里夺取他们剩余的退路的地步——在哲学、教育学、性别关系中,尤其是在艺术这个新旧差异的坚固堡垒中。他们能走到今天,是因为他们已经搞清楚了总的论点,用以反对在自然中寻找差异,并且使用者只需要稍加练习,就能够将它应用得得心应手:凡呈现为在自然界中被发现的东西或自然界给予的东西,它们其实都可以被揭穿,不过是由有关利益方人为制造或阐释出来的;区分差异的事情也就落回到区分者身上。从这一刻开始,真的就不存在什么事实了,取而代之的就只有对事实的解读。解读的多元性意味着在基础上对什么才是基础的意义进行无休止的争论——因为也没有更多来自自然的外部条件,只有社会建构。只剩下了虚构议会中起构建作用的各个党派,我们将这个议会称为公众。

在这上面挂着将要强制执行的革命性修正的铁链:没有主人,只有屈从的过程;没有人才,只有学习的过程;没有天才,只有生产的过程。没有作者,只有编程过程,以及已经被设定了程序的程序员。

一旦这些关于事物本质的经典形象不断得到修正并泛化为新的共识,所有传统的人类学差异的外在形态就失去了效力,这不仅发生在理论界的语言游戏中,还发生在被动员的社会日常生活中。人与人之间形而上的差异所树立的偶像毫无例外地坍塌了——首先坍塌的就是神权偶像。长期以来,我们一直冷静地笃信,如果神王、显灵、化身以及开悟者不再出现在我们的生活中,我们也无所缺。我们的政治文化作为一个整体是建立在

IV 人类学差异

对第一个人类学差异的否定之上的——我们不想再听到任何有关那些可以持续地存在于人类之中,并且可以在神人和纯人之间形成差异的神灵的说法。对藏传佛教的教宗的感性同情并不能改变这一点;对某位基督和他的两种本性的感性兴趣也同样无法改变。抛开一些微不足道的宗教亚文化不谈,当今,神权统治政体赖以生存的差异在大多数人看来是如此可笑,因为从一开始就不需要在具体的细节上证明它不可能是依托于现实中发现的差异,它永远只建立在一种无意识的差异之上,或者实际更严重——一种创造出来骗人的差异。政治无神论的意义在于摧毁每一个历史形成的,并以严肃的方式来区别普通人与神人的宗教信仰。

我们现代人对于人类学差异的第二种形式——神圣的和世俗的众人之间的差异——也不再存有多少耐心。因为很容易就可以证明,所谓的圣人——如果他们不只是人群的投射——实际上只不过是一些训练有素的运动员,他们接受了非常不同寻常的精神训练。其中最过分的训练包括单腿站立数十年之久,或不以对方品行加以区分地爱所有人!今天,这种做法实际上已经无法再吸引公众的兴致。因此,等待新一代圣徒出现的呼唤只能在一种相当扭曲的知识分子型天主教教义中找到回应。[1]

现代社会运用它自身的逻辑以顶级运动员取代了圣人,再以观众取代罪恶的大多数人,这是一种完全正确的操作。此外,基督教会已经将神圣的理念(Idee des Heiligen)发展为集体,并在圣餐会中准备了基督教民主的思想形象,这将成为现代性中的一个派别。其中,那种"好的大众"被设想为由顺从的个人组成的集合体,并在左翼思

---

[1] 一个例子,说明在天主教的推动下,人们将圣人奉为唯一可持续的智人形象。参阅:Carl Amery, *Die Botschaft des Jahrtausends. Von Leben, Tod und Würde*(《千禧福音:关于生命、死亡与尊严》), München und Leipzig, 1994。

Ⅳ 人类学差异

想家的经典著作中,以作为革命合作者的真正大众的形象回归。意大利文艺复兴时期的画家们预见了向同质化人性的过渡,早在15世纪,他们描绘神圣的历史人物时,就不再在人物上加上此之前必有的光环。那些说气韵损失了的人其实是在说这种超越的退潮。在现代性中,彼世已经变得隐秘直至无法辨认:上帝现在不仅放弃了在一个独特的人身上彰显自己的能力,他显然也失去了通过某个人来让自己显灵的兴趣。

至于人类学差异中最普遍的形象,即智者与庸众之间的差异——没有这种差异,历史上都无法出现先进文明——在不到两百年的时间里,已经在欧洲和美国的土地上被双重启蒙运动所抹杀。进化论是对圣者观念的第一次打击,它把"智慧的"(sapiens)这个词语从与术语"愚蠢的大众"(insipiens vulgus)的对立中抽出来,好让它直截了当地、没有教育学顾虑地成为一个物种的名称:智人(homo sapiens)。在这里,我们看到科学主义的平等主义如何用一种表达方式两次向精英主义哲学家的脚前吐口水。第二次打击则是现代的批判文化,现代知识分子取代了早时的智者,从18世纪的哲学家开始——狄德罗说:"我们抓紧时间,赶快让哲学流行起来!"——到现在的怀疑论者、传统论者和解构论者结束,他们首先要把关于基于证据的、令人自信的、积极的知识的概念打倒。在知识失去了它在客观现实中的基础作用,沦为一种概率更高的推测媒介,以及一种在较小的和更大的罪恶之间进行两难选择的工具的时候,进阶了的信息民主(Informationsdemokratie)确立了自己作为大致同样无知的人们的集会。他们在共同的半明半暗之中,处在悲剧的这一边,为他们相对可以普遍化的生活问题寻找相对更优的解决方案——罗蒂在指出"民主优先于哲学"时公开宣布了这种转向。这就是为什么伦理委员会如雨后春笋般出现在世界各地,它们理应取代智者,成为已

Ⅳ 人类学差异

被克服的哲学的研究所。[1] 如果有谁不想加入这些由启蒙的但不太了解情况的人组成的工作组,他现在必然被人冠以"原教旨主义者"的污名,然后排除在外。事实上,以后现代知识的标准来衡量,原教旨主义者至多是不同时的民主人士,他们以一种过时的方式信仰在任何情况下指明方向的知识。如果说这个世界上充满了因循守旧者的话,这种知识对他们来说是不过时的。

因此,只有过时的人类学差异的第四个外在形态仍有待解决,即有天赋的人和无天赋的人之间的差异——现代社会发现取消这种区分比对人做其他形而上的编码区分更加困难,因为这触犯了自己的创始神话。但是发动谴责的大众文化甚至对其早期阶段也不给予宽容。显然,当反对贵族阶级和愤怒的上层的战斗还处于初级阶段时,

---

[1] 因此,阿多诺式的作者-哲学家已经消失殆尽,取而代之的是大会和委员会式的哲学家。

蔑视大众：现代社会文化斗争的实验

进攻性资产阶级的主要策略是援引更有效力的贵族，即天赋和天才的自然贵族，从而使封建贵族失去其合法性。"精神的高贵"，不只是一个随机的书名，更是一个划时代的座右铭。[1] 这就解释了为什么资产阶级时代，无数个体会相信，他们可以以教育的名义在人文的贵族产业中分享到一部分。此外，值得注意的是，单纯的世袭贵族，以教育的标准来衡量，往往不过是一种有意识惺惺作态的野蛮人罢了。尤其是英国的贵族阶层，人们常常可以认定他们身上展现出一个人在识文断字之前才会有的特质。"因此，格洛斯特公爵（Herzog von Gloucester）才会在爱德华·吉本（Edward Gibbon）的《衰落与毁灭》一书出版之际对他说：'又是一本该死的厚书，不是吗，吉本先生？鬼画符，鬼画符，然后一直鬼画符，不是吗，吉

---

[1] 比较：Thomas Mann, *Adel des Geistes. Sech zehn Versuche zum Problem der Humanität*（《精神的高贵：人文主义问题的十六项试验》），Stockholm, 1948。

Ⅳ 人类学差异

本先生?'"[1]至于对待作品时资产阶级式的敬畏,不过是极度兴盛的民族国家中的公众具有的一项令人惊讶的技能,他们能够像珍视最好的自己一样珍视他们的经典作品。但是,这种关联起来的尊重心理,正如人们事后认识到的那样,被一种纽带所束缚,而这一纽带的松动和断裂不过是时间问题。公民时代的伟大作家和艺术家充当了领袖的角色,领导了反抗已经过时的世袭贵族的起义——那是一场两百多年来贯穿了每一代现代人的新野心对旧野心的进攻战争。

现在发生的事情是按照一种合法性进行着的,仅此一点就足以让人惊讶,因为人们没有在更早的时候详细研究过它。一场运动的参与者在战役之后已不再是战前的样子;完全的成功恰恰使他们对自己的战场口号感到厌倦。经过两百年的

---

[1] Marshall McLuhan, *Die magischen Kanäle. Understanding Media*(《有魔力的渠道:理解媒介》), Düsseldorf und Wien, 1968, S.21.

成果斐然的人才宗教信仰,世界在攻击者的眼中已经发生了剧变。有一天,他们恍然大悟,明白了他们曾把自然,这个资产阶级兴起的伟大盟友,设想为一个仍有宠臣和宠角的宫廷。那么,在阳光下观察自然界时,它就像专制主义的领主一样不公正且情绪化;不仅如此,它还是随机专制的最纯粹形式。基于这样的观察,人才和天才对所有必须靠外表现象(Erscheinen)生活的人来说就变得令人反感了[1]——首先是一种不快,然后是憎恨,附带着非常充分的理由。抹去和夷平的愿望在报纸文艺副刊的版面里得到了表达。卡内蒂描述的"乌合之众"(Hetzmeute)作为"乌合中心"(Hetzmitte)登场了。它把清算自然贵族或有才能的贵族列入意识形态政治的议程之中。人们不再喜欢听到优雅的音调,不管是新近红极一时的还是旧的;也不喜欢有天赋的声音,如果你仔细想

---

[1] 这个表述源于尼克拉斯·卢曼。

Ⅳ 人类学差异

想,就更不喜欢听了。看,从现在开始的话语是:民主优先于艺术!

正如每一个对艺术史的发展执公正态度的观察者所证实的那样,现代艺术的戏剧完全浸透了这种类型的紧张关系;如果不能洞察到天才的自我的清算任务在艺术自身的诸形式中正在执行,20世纪的大部分艺术事件则是难以捉摸的。比如,人们在约瑟夫·博伊斯(Joseph Beuys)身上看到了,他最初是一个天才,后来却成了一名社会工作者;人们在安迪·沃霍尔(Andy Warhol)身上也看到了类似的情况,他很早就把自己的天赋从艺术创作转到了赚钱上面,并以此在一个无主体明星所能够达到的程度上满足了流行热度标准。最显著的例子是马塞尔·杜尚(Marcel Duchamp),他无疑是20世纪的症状艺术家(Symptomkünstler),因为他把呈现具有无穷的可解释性的准作品(Quasi-Werke)的艺术从工作室的专业人士中解放出来,并且他的嘴角挂着佛教徒式的微笑,比任何其他人都更具有当下精神地证明了,如果我们不再被对专业人士的崇拜思想所左右,我们反而更容易达到艺术的关键之处。到目前为止,人们对专业人才的理解只是一种滋扰。对那些拥有专业能力的人来说,它只是一个陷阱,而在那些没有专业能力的人眼中,这只是个令人生厌的事情。天才回家了(Genius go home)。一旦这一点明确地写下来,我们原则上已经到达了对当代文化前提清晰认识的高度,并可以转而得出结论。我们已经明白,现代社会的文化斗争不仅仅是社会冲突的语义反映,无论是阶级斗争,还是性别斗争,无论是多数文化和少数文化之间的摩擦,还是教会精神权力和世俗化力量的反攻之间的紧张关系。[1] 它们也不仅仅是发生于拥有自由思想和平等思想的游击队员之间的世界内战——它成为

---

[1] 彼得·格洛茨(Peter Glotz)记录或预测的"数字资本主义"中的文化斗争,特别是在快速和慢速"阶级"之间的战线上,也属于同一层次。

Ⅳ 人类学差异

20世纪最全面的冲突事件[1]——的文化投射。相反,事实更加说明了,文化斗争的现象本身就是争端。这种争端首先就围绕差异的合法性和起源展开。正如宗教形而上学被邪恶究竟从何而来的问题所困扰,世俗社会也被下面这个问题所困扰:它究竟应该从哪里获得差异?

---

[1] 在重构丹·迪纳(Dan Diner)的意义上。

V

大众同一性:无差异性

这是历史对我们这些平等主义者施加的报复,我们也不得不被动地获得做出区分的体验。与强制性学习密不可分的是现代人的政治人类学必修课程,他们需要在这里体验人与人的不平等。如前所述,在建构主义革命之后,所有发现的差异都将被重新加工改造成人为制造的差异。过去人们服从的旧差异让位于人们自己创造出的新差异,以便出于需要而时不时对它们做些修订。

一旦我们宣布了游戏规则,那么发展作为主体的大众的项目就达到了它的决定性阶段,因为此时做出的所有区分都是对大众进行区分。不言而喻，大众不会做出也决不会允许做出任何使自己处于不利地位的区分。只要大众掌握了区分的权力，那么他们总是且不加掩饰地做出有利于自己的区分。他们将中止一切有可能导致对他们产生限制的词汇和标准，他们也会宣布一切他们无法取得胜利的语言游戏不合法。他们打碎了所有不能向他们保证他们在这片土地上是最美丽的人的镜子。他们的正常状态是就反对更高要求的总罢工进行长期投票。在这个意义上，大众文化的计划采用的是一种激进反尼采的但又是尼采式的方式：它的格言是重估一切价值，即把所有垂直差异转化为水平差异。

但是正如所见，所有的区分都是在平等——预先确定的无差异性（Ununterschiedenheit）——的基础上进行的，因此，所有的现代区分都或多或少地受到无差异性（Indifferenz）的威胁。当今社会对差异的崇拜，从时尚界蔓延到哲学界，其原因在于

V 大众同一性:无差异性

所有的横向差异都理所当然地被认为是弱的、可撤销的、人为建构的差异。通过大声而又强烈的强调,似乎适者生存的法则现在也适用于差异性了。但所有这些做法并没有真正起到预期的效果,因为伟大的差异性设计者和思想家不是从差异出发,而是从可悲的非差异出发,即从平等主义的公理出发,期待所有的区分从大众中来,而大众就其定义而言其实是无差别的——只要它是由表面上看来付出相同努力而诞生的同质化个体组成。从这个角度看,作为古典哲学基础的同一性原则(Prinzip der Identität)完全没有遭受质疑,它仍然继续存在,甚至它比以往任何时候都更有力地主张自己。此外,它也只是改了个名字,然后在一个更次要、更消极、更反思的层面上出现。同一性存在的地方,则会具有无差异性,事实上,这是一种有区别的无差异性(differente Indifferenz)。没有区别的区别是大众的逻辑标题。从现在开始,同一性和无差异性必须被当成同义词才行。

再说一次:在这里已经说得很清楚的前提下,成为大众就意味着在有差异的情况下,并不产生差异。差异化的无差异性是大众及其文化形式上的秘密,它组织起了一个总体的中心。因此,大众的行话只能是打磨殆尽的个人主义话语。如果我们发誓,我们所做的一切想让自己与众不同的努力其实都毫无意义,那么我们就被允许做任何能想到的事情。"今天的文化以相似性打败一切。"[1]正因为如此,在过去的半个世纪里,我们才得以从黑白的或是摩尔的大众转变为彩色的、分子的大众。彩色的大众知道可以走到哪一步,不算走得太远——比如可以一直到垂直区分的门槛处。因为在平等的空间里,我们客观上并不互相挑战对方,所以我们在尝试着让自己变得更有趣的同时,或多或少也在自娱自乐地又或是蔑视地

---

[1] Theodor W. Adorno, *Gesammelte Schriften 3*, *Dialektik der Aufklärung. Philosophische Fragmente*(《全集 3:启蒙辩证法——哲学断片》), Frankfurt, 1984, S. 141.

V 大众同一性:无差异性

看着对方。大众文化的前提是所有使自己变得有趣——这也意味着使自己比别人更好——的努力都归于失败,并且这是有道理的,因为他们的教条就是,我们只有在我们的差异并不构成差别的前提下才会让彼此有差异。大众负有义务。

一个简单的提醒显示了为什么现代性要依靠无差异性:如果我们的差异来源于先验性,也就是说,如果我们看到自己被上帝或自然界客观而规范地区分为高等和低等,那么我们的差异就会摆在我们面前,我们只能发现它们,尊重它们,锻炼它们,抬高它们;只有撒旦教徒反抗宇宙众生和层级世界的客观秩序,并且由来已久。用这种方式思考问题是中世纪所固有的,对于资产阶级古典主义时代来说依然是理所当然的。古代的等级社会需要本体论的预制规范,以解决其等级制度和排斥现象。然而现在,在经历过平等和一切皆可重塑的伟大变革之后,我们希望并应当在我们的差异面前存在,只要这些差异全部都是制造出来的，而不是被发现的。我们的存在优先于我们的品质和作品，这一点宣布了无差异性是大众的第一和唯一原则的竞效力。

但是，形成群众和他们的无差异性原则的出发点，即现代人争取得到认可的努力本身就受到了阻碍，因为在这些条件下，认可不再意味着尊敬（Hochachtung）或赞赏，而是——在我们的语言中缺少这种表达——在中性的空间中的低度尊敬（Tiefachtung）或平等尊敬（Gleichachtung），这种尊敬只是对不拒绝任何人的无关紧要之事的合理让步。只要能做到，人们就在力图回避尊敬和平等尊敬是相互排斥的见解。但环境提供的证据是不言自明的。争取认可，甚至只是为了争得一个优势位置的普遍斗争，产生了对平庸的主权者的徒劳追求，而这个主权者不会做出哪怕是超过一次的偶然鼓掌的认可行为。这个不确定的公众自称是普遍的公众，并且现在我们知道它是由没有被区分的人集中起来构成的。无论谁在这个论坛

V 大众同一性：无差异性

上获得成功，都无法保证，他的成功如果用旧的尊重观念来衡量，是否会比任何失败更加可耻。在这种情况下，批判所起到的一以贯之的作用是前途黯淡的。他们发现，被悲惨地纳入批判范围的事物中，绝大多数是好的或非常好的，他们在试图突出自己优势的努力中没有取得什么特别的成功；而出于本能，他们把真正特殊的东西分离出来，并以居高临下的态度谴责它，或者不如说，他们从下方瞄准优势方，以一种如刀刃般的目光仰望。

鉴于已经解释过的前提，我们理解为什么只能这样做。由于上帝已死，自然界被揭露为一种构造物（Konstrukt），最后可以做出有效例外的主管机关也突然失灵了。上帝的特例显现为恩典的陷阱，自然界的特例是怪物或天才。任何愿意花费不合时宜的时间翻阅博士时代关于恩典的论文的人都会发现，中世纪关于神授的超凡能力、上帝恩典的例外情况的论述，形成了人类有史以来能够想到的最完善的体系，运用超验的理由来刻画人与人之间谜一样的深刻差异。恩典是上帝的例外法律，上帝不仅凭借其统治，而且还掌控每一个最微小的细节。凭借这些法律，人与人之间的差异，无论是可掌握的还是未掌握的，都在一个至高无上但又黑暗的意义猜想的框架内被澄清为可生活的现实。虽然上帝之下的所有生物究其作为创造物的地位是一致的，并因此看起来是平行的，但是神圣的英雄们开启了一个由高度实质化的例外组成的坚不可摧的系统的自由前景。以其授予和扣留恩典的特权，上帝拒绝了所有社会意义上的平等期望，并要求信徒们习惯于一个事实——更高级的正义正是以黑暗的方式在不平等中显现的。如果没有这个庄严而崇高的不公平之谜，基督教的上帝从一开始就不过是一个人文主义的假人。今天，在艺术市场的非理性时刻，人们仍能感受到这种对神的敬畏与向往的残余，有时候它会让一些作品高不可攀，有时候又将其他一些作品

V 大众同一性:无差异性

推入无法出售的境地。在旧秩序中,即使是最高级的人才也被解释为上帝之下的各职司,这些职司由它们的持有者受委托进行忠实又不断使其扩张的管理。在他们身上,可以看到服务和恩典是如何交融的。中世纪的文化多元体现在神授能力上,相似地,现代文化的多元则在于其自命不凡。

在这一点上,我只想指出现代社会中差异性弱化导致的一个不可避免的后果。当代社会也不可避免地在所有可能的领域形成价值尺度、等级、层次,作为一个自称的竞争社会,它别无选择。但它必须在平等主义的前提下分配其位置——它被定性为默认每位竞争者应该是在同一起步线上开始的。人们想以此来说明,市场上和竞技场上的赢家和输家之间的差异并不证明或影响本质上的差异,它们始终只不过是一个随时可修改的排名而已。

在这里,一项历史上前所未有的心理政治壮举就开始了:灵活的、嫉妒的、要求高的大众在持久的竞争中为了取得优先位置而辛勤工作，试图免于陷入即将到来的失败者抑郁之中。如果没有持续的努力来解决这个问题，让每一个在社会上取得排位的人感到心安理得，那么由主观化的群众组成的社会将因其内生的嫉妒、紧张而分崩离析。它将被一些人的仇恨所击碎，因为对这些人来说，旨在将不可排位的被征服者转变为可排位的失败者的文明程序是失败的。因此，体育界、金融投机界，尤其是艺术界，必须成为现代社会中越来越重要的社会心理调节器，因为在体育场、证券交易所和画廊中，竞争者通过排位来获取成功和认可，而排位的安排又基于他们自身所取得的成果。这种排位安排是自我努力造成的区别，所以即使它不能完全调和仇恨，也至少有减少仇恨的效果。他们并没有废除基本的嫉妒，但他们给了它一个可以活动的形式。他们把批评合法化为一种作为被超越者对排位处在优势地位者的谈论——这是社会阀门当中最不可或缺的一环。安

V 大众同一性:无差异性

排排位的作用是使地位非正式化,并使分层的社会系统得以纵向流动。他们把古老的欧洲等级制思想提升到当代的排名制。

处于所谓的文化部门及其运作中是最理想的,同时也是最冒风险的——理想是因为在目前的条件下,新的艺术作品可以前所未有地得到对它感兴趣的人的青睐;危险是因为标准的消融使艺术越来越接近虚无主义的门槛,再加之越来越多的作品被推向了市场,数量泛滥,直至逼近了"垃圾线"的边缘,有些甚至超越了这一界限。诚然,在现代艺术体系中——如同在一般先进的民主制度中一样——必须消除封建情感的余孽,特别是奴性和虚假的赞美,但在这个过程中,垂直的情感——如关于高雅与低俗、有价值和没有多少价值的意义——在一个非正式的场域谨慎地再生出来,并在持续对新生事物开放的情况下,充分可靠地重新体现出来。在民主的环境中,对艺术上的优秀或卓越的鉴赏不可避免地以一种不知道可执行性和客观性的方式进行,然而,如果在这些问题上失去了策略,那么区分的辨别能力和感受价值的能力必然会一同消解掉。

从这个角度看,所谓的"现代性计划",无论对错,都是人类历史上最令人钦佩的事业之一。这一点是正确的,尤其是考虑到民主以一种前所未有的苛刻方式呼吁其成员要小心审慎——这是在双重意义上讲的审慎,作为一种辨别力和作为一种对策略的感觉,作为不成文的等级关系的意义和对好与不太好的非正式秩序的尊重——同时不断考虑平等的需要和比较的习惯。

在现代条件下,转向非正式包含了文化的全部冒险。封建和等级世界可以通过羽冠、纹章、习俗来规范这些方面的大多数事情。就等级和特权而言,一切都旨在提高知名度和公共辨识度上。民主制度中的文化依靠一种无形的纹章而生存。它的前提是公民自觉自愿地承认更高的潜力、成功的尝试和坚持不懈的努力。然而今天,无论在

V 大众同一性：无差异性

文化领域"赚"到了什么，这里都没有客观的保存，也没有什么定期存单可以避免价值重估、通货膨胀和伪造货币带来的风险。即使是当今最杰出的艺术家也不能正式起诉一个他们认为对其成就做出不公平反应的社会。他们仍然依赖于该领域内的传承：几十年的耐心和不断的艺术张力中成长起来的非正式的审慎体系、关于艺术水平的知识、对细微差异的感知能力，所有这些都会在新进入文化游戏的参与者身上得到充分、生动的再现。

在这一领域，战术错误、脱离轨道、解除禁制和拙劣的诡计在近些年来以一种令人不安的方式增加。这就是我在 1999 年 2 月[1]针对当时的慕尼黑症状（Münchener Symptom）进行的论辩中所暗示的。如果这只是关于通常的代际辩证法，是人才首次亮相而产生的轰动效应，那就没什么更多可说的了。但现在的问题不再是艺术本身及由冲

---

[1] 《南德意志报》，1999 年 2 月 15 日。

突推动的它的回春动力，而是其新的运作、变现和管理形式。现在人们都想做主人，不愿再服务，不愿再做公务员队伍中的莱波雷利，不管是文化官员还是其他行使自我服务职能的人。管理者、主持人和评论员几乎在任何地方都通过牺牲创造者的利益，而让自己取得更有优势的排位，并让自己像真正的创造者一样受到赞美。

在所有这一切中，我看到了仇视例外的日益自信的痕迹，而这仍然是旧的意义的例外，我看到了怨恨永远无法被取代的事物的痕迹，而正是出于这个原因，人们设法尽可能迅速地、不体面地取代它——因为只有可以用来交换的东西才能满足无差异性准则。此外，还有一种尴尬的绝望的痕迹，面对一切能够让人回忆起失落的恩典王国的事物，这种绝望在心里涌动。也许应该再说一次，尽管这可能是不合时宜的——在后恩典的世界里，艺术是仅存的例外的避难所。那是夜空中的一块空旷之地，不时会有一颗跳舞的星星升起。

V 大众同一性:无差异性

在上述分析之后,我们不难理解,坚决向前推进的统一文化(Einheitskultur)——它只能在无差异性的背景下接受任意的差异——现在正在准备着在无限期的针对非常规事物(Außerordentliche)的战斗中的下一轮打击。

女士们,先生们,埃米尔·乔兰(Emile Cioran)的这本关于过去的和20世纪的作家的作品集叫作《钦佩的练习》(*Exercises d'admiration*)。我承认,我不知道还有什么样的表达方式能比这个言简意赅、谦虚而又智慧的说法更能完美地阐述我们这个时代的文化工作者的职能。事实上,钦佩的练习构成文化的一切,正如我这里所理解的那样,它是一种努力,不应由于衡量令人钦佩的事物而失去自己的高度。与对象相关联的钦佩也为与我们不相似的人才提供了庇护所。这种钦佩是一种心甘情愿的因作品产生的苦痛,就算我们拥有36条命,也不可能创作出这些作品来。这是一种公开,它使无法掌控的更大差异显现。在这一切中,这种钦佩,与那种聚集在极权主义中心、只赞美与它相似的东西的评论恰恰相反。无论如何,乔兰的这句话可以扩展到挑衅活动。仅仅通过挑战就创造了不让自己进一步沉沦的契机。

当下,我们前所未有地需要回忆规范意义上的文化,它包括了试图挑战我们自己体内的大众,并决定着自己反对自己。这是一种向着更优的差异性,它就像所有做出的重要区分一样,只有在做出这种区分的时候才会存在。

后 记

前面的随笔是根据我在 1999 年 7 月 1 日于慕尼黑巴伐利亚艺术学院所做的讲座写成的。我想感谢学院院长维兰特·施密特(Wieland Schmied)教授,以及参加该讲座活动的成员和嘉宾,他们友好地倾听了我的演讲,同时也提出了批评和建议。我还要感谢众多倾听和阅读了我的手稿的人,他们的评论和质疑都帮助我更准确地理解了需要讨论的问题,并更好地将之表述了出来。

Die Verachtung der Massen
Versuch über Kulturkämpfe in der modernen Gesellschaft
Peter Sloterdijk
© Suhrkamp Verlag Frankfurt am Main 2000.
All rights reserved by and controlled through Suhrkamp Verlag Berlin.
Simplified Chinese Edition Copyright © 2024 by NJUP
江苏省版权局著作权合同登记 图字:10-2021-328号

图书在版编目(CIP)数据

蔑视大众:现代社会文化斗争的实验 /(德)彼德·斯洛特戴克著;常晅译. -- 南京:南京大学出版社,2024.10. -- ISBN 978-7-305-28352-9

Ⅰ. G05

中国国家版本馆 CIP 数据核字第 2024LR0068 号

出版发行	南京大学出版社
社　　址	南京市汉口路 22 号　　邮　编 210093

MIESHI DAZHONG:XIANDAI SHEHUI WENHUA DOUZHENG DE SHIYAN

书　　名	蔑视大众:现代社会文化斗争的实验
著　　者	(德)彼德·斯洛特戴克
译　　者	常　晅
责任编辑	刘慧宁
照　　排	南京紫藤制版印务中心
印　　刷	南京爱德印刷有限公司
开　　本	787 mm×1092 mm　1/32　印张 4.75　字数 58 千
版　　次	2024 年 10 月第 1 版　2024 年 10 月第 1 次印刷
ISBN	978-7-305-28352-9
定　　价	55.00 元

网　　址	http://www.njupco.com
官方微博	http://weibo.com/njupco
官方微信	njupress
销售咨询热线	(025)83594756

* 版权所有,侵权必究
* 凡购买南大版图书,如有印装质量问题,请与所购图书销售部门联系调换